U0032687

わたしの臺湾・東海岸：
「もう一つの臺湾」をめぐる旅

溫暖的記憶，從這裡出發

一青妙的臺灣東海岸

Hitoto Tae
一青妙
張雅婷 譯

臺灣版序

發現「另一個臺灣」

最近幾年我回來臺灣的機會增加了不少，不過多半是因為出了書，所以才回來發表演說或接受採訪，也就是說，幾乎都是與工作有關的行程，這固然令人開心，可是相對地，放慢腳步在臺灣走走看看的時間卻減少了。

也許是察覺到了我的焦慮，臺灣友人向我建議：「要不要去東海岸走走呢？」對那時的我而言，光是「東海岸」這三個字聽起來就很新奇。

以前雖然聽過「東海岸」，但是腦海裡卻沒有任何印象。一九七〇年代到八〇年代初期我都住在臺灣，在這裡度過了童年時代，當時我家和學校都在臺北，自己所熟悉的地區也僅限臺北周邊而已。

儘管宜蘭、花蓮、臺東等個別的地名與觀光名勝我略知一二，但對整個「東海岸」的概念或印象卻是一片空白，只是有股莫名的吸引力強烈吸引著我。因為臺灣人口中的「東海岸」，似乎代表著「與臺北截然不同的地方」或是「桃花源」。

於是，我對東海岸產生了濃厚的興趣，不知不覺也寫成了一本書，在二〇一六年夏天由日本的新潮社出版。當時書名的副標題為「遇見另一個臺灣之旅」，特別點出了「另一個臺灣」的概念。

出版不久後的二〇一六年十一月，我剛好有機會參加自行車環臺一周的環島活動。一行人從臺北出發，途經臺中、臺南、高雄等臺灣西半部的大都市，然後由西向東橫越，騎上了南迴公路的最高點「壽峠」，當時我在路邊停下了自行車，放眼望去的風景，至今依然深深烙印在我的腦海裡。

峰峰相連的山脈與海岸線。

朝霞輝映的花東縱谷。

海水的味道。草原和牛群的氣息。

零星分布的原住民部落。

與大自然共存的居民。

讓我再度真實感受到「另一個臺灣」的存在。

但真要說的話，在規劃東海岸的旅遊路線時，比起由南部北上，我更建議各位由北部南下。從臺北出發往東走，一路上逐步感受「非臺北」的氛圍，周遭的風景和心情也會跟著切換到不同的模式。

踏出臺北之後，我的第一個目的地，是父親的家族顏家的發源地——基隆市，這裡是分隔臺灣東西部的分界點，也是過去往來臺日兩地的人潮集散地。要是放慢腳步，就會發現所到之處幾乎都是與顏家淵源深厚的地方。而顏家事業的出發點九份，則曾經是挖掘煤礦和金礦的礦山，因此逐漸興盛起來，數以萬計的礦工們揮灑著汗水不停勞動，但之後隨著礦業沒落而沉寂；時至今日，懷舊的景致吸引了世界各國的觀光客到訪，重振了小鎮的風光。要是離開喧囂雜沓的主街，往寧靜的郊外走，還可以感受到徐徐吹來的微風輕撫著髮梢。

接著依序往宜蘭、花蓮、臺東南下，深入自己不熟悉的地帶，因為愈來愈陌生，反而愈能拋開束縛，心情也頓時輕鬆了不少。

我想，人情味是臺灣各地共通的特色，但伴隨著旅行，遮蔽視線的雜質被一一清除，肩膀上的重擔也得以一一卸下，如此一來，就可以暫時脫離被「目標」與「義務」壓得喘不過氣的生活，好好放鬆一下。

近幾年，到訪臺灣的日本觀光客急遽增加，就連我身邊也有許多朋友幾乎每個月都會到臺灣玩，然而即使是這樣狂熱的「哈臺族」，對臺灣東半部也多半抱持著「可遠觀而不可褻玩」的想法。

之所以如此，最大的理由在於與西半部相比，東海岸的交通顯得很不方便，觀光資訊也不夠充足。

而我撰寫這本書的目的，就是希望讓更多日本人透過我的書認識更多元的臺灣魅力，而在臺灣發行的中文版如果能讓臺灣讀者發覺這片土地的不同面貌，因而感到驚喜和喜悅的話，我也就心滿意足了。

這本書得以順利付梓，多虧了各界人士的熱情參與和協助。

在取材的過程中認識的各位，謝謝你們。

我也由衷感謝基隆市政府、花蓮縣政府與臺東縣政府許多行政人員的鼎力協助。

促成這次中文版發行的聯經出版公司林載爵發行人、胡金倫總編輯、林芳瑜主編、林蔚儒編輯，有勞你們費心，非常感謝。另外，如此通暢優美的文筆也要歸功於張雅婷小姐的翻譯，謝謝了。

有這樣的機會，能夠再次完成一本關於臺灣的書籍，我感到相當榮幸，也誠摯盼望各位能抽空到東海岸走走，找尋屬於自己的「另一個臺灣」！

前言

近幾年來，到臺灣觀光的日本人愈來愈多，對臺灣感興趣的日本人也不斷增加，原本鮮為人知的臺灣小店、巷弄、建築等，也逐漸在日本觀光客當中傳開，使他們能夠更深入認識臺灣。

近來出版的臺灣相關書籍，內容詳盡到我都嚇了一跳，此外五花八門的女性雜誌也掀起了一股臺灣熱潮，最近的臺灣特輯裡甚至出現「巷弄裡的那家店」之類的介紹，深入探索臺灣的角落。其中推薦的幾乎都是我沒去過的獨家景點，不難想像採訪者當初是花費了多大的工夫才找到的。

要說這樣的現象是颳起一陣「臺灣旋風」，感覺卻又不太一樣，借用我的臺灣漫畫家朋友哈日杏子發明的「哈日族」一詞來解釋，現在日本全國也有為數眾多的「哈臺族」，集體陷入了「哈臺」的熱潮裡。

我認為這是良好的交流模式，當然很樂觀其成。我之前也寫過關於臺日情誼的書籍，看到自己做的事總算慢慢開花結果，真的感到相當幸福。

但由於個性使然，當我看到市面上四處可見的臺灣情報時，卻忍不住想要抱不平，大聲嚷嚷著：「等等！臺灣明明還有更多有趣的地方啊！」

兩年前，我寫了《我的臺南》這本書，那時候我滿腦子想要介紹「魅力完全不輸臺北的地方」，希望讓日本人認識更不一樣的臺灣。後來聽說到訪臺南的日本人絡繹不絕，我的書似乎也發揮了一臂之力，甚至有幸被知名的臺南市長賴清德欽點為「親善大使」，對我來說也是人生頭一遭呢。

而現在的我還是有很多想推薦給各位的地方，可以說是不吐不快，因此這一回請容我重新向大家介紹「東海岸」。

一般日本人聽到「東海岸」三個字，腦海浮現的通常是美國的東海岸。但我這裡寫的當然不是美國，而是臺灣的東海岸。

「咦，臺灣的東海岸有什麼特別的嗎？」會有這樣的反應並不讓人意外，畢竟日本人到臺灣觀光時，幾乎都是到西半部的臺北、高雄、臺南、臺中等都會區。至今為止，我很少遇到日本人自豪地說：「我去過臺灣的東海岸喔！」

不知為何，在臺灣沒有「西海岸」這個詞，但大家卻會把東半部統稱為「東海岸」。對一般的臺灣人來說，西半部的臺北、高雄、臺南等地是以個別的都市來區分，可是東半部的宜蘭、花蓮或臺東等縣市，卻鮮少被視為單獨的個體，往往以方位來概括稱為「東海岸」。這或許和日本國內所稱的「北陸地方」或「瀨戶內地方」有異曲同工之妙吧。

其實在地理範圍上，「東海岸」並沒有明確的定義。我在這本書裡所指稱的東海岸，是北從基隆、南至臺東的臺灣東半部，南北距離大約三百五十公里，雖然面積與臺灣西半部相差無幾，但是東海岸有點像「被遺忘的孩子」，由於地形崎嶇、交通不便，直到三年前我都沒有什麼機會造訪。但隨著到東海岸工作或旅行的機會增加，我內心萌生的某種信念也愈來愈強。

那就是「在東海岸，可以遇見另一個臺灣」。

提到臺灣西半部的旅遊賣點，不外乎是小籠包、故宮、按摩、牛肉麵、臺北一〇一大樓等，一般而言就是城市裡好吃、好玩又時髦的地方。其實這樣的旅行只要能夠玩得開心、達到放鬆的效果，覺得心滿意足也就夠了。

可是，在比較鄉下的東海岸就不同了。要隨便找間好吃的店不是很容易，交通也不像臺北那麼方便，但畢竟瑕不掩瑜，東海岸具有特殊的魅力足以彌補這些缺點，只有親自走一趟才能體驗。

雖然很難用三言兩語形容，但硬要說的話，我認為是「療癒」和「學習」這兩個特點。

這裡的「療癒」指的並非是「花兩小時讓肌膚光滑水嫩的護膚美容」，而是某種觸及靈魂深處的事物。日本人對臺灣這塊土地本來就有獨特的情感，日本統治臺灣五十年間，雙方一起走過的足跡十分深刻，即使日本人在戰敗後離開臺灣，心和心的牽絆依舊存在，在東海岸尤其有許多這樣的故事。

臺灣是座包容多元文化的島嶼，除了漢文化，還有原住民文化，可是在臺北卻很少有機會認識原住民的風貌，平常接觸到的頂多就是宣傳觀光的民族舞蹈。然而，臺灣原住民的文化或傳統背後蘊含著許多先人的智慧，要是實際到東海岸旅遊，也許在某處就有機會親眼目睹。

此外像剉冰這種臺灣人再熟悉不過的冰品，西半部在配料和份量上都將服務精神發揮得淋漓盡致，相較之下，東海岸的配料不講求華麗，而是能直接吃到食材最真實的原味，因此深深擄獲我的心。而且偶爾也會碰到令人大為驚嘆的在地美味，讓我感動到就像漫畫裡形容的那樣，「眼球都快掉出來了」。

在東海岸可以感受到臺灣人滿滿的親切與溫和，近來造訪臺灣的中國遊客在提到臺灣時都會說「臺灣最美麗的風景是人」，這真是再貼切不過的形容了。來到東海岸會遇到許多古道熱腸的臺灣人，和他們的相遇在在都讓人感動。跨越語言的隔閡，他們的笑容療癒了每一位觀光客的心。

除此之外，在東海岸的「學習」素材比比皆是。

臺灣的歷史是從原住民開始的，要是身在臺北，往往會不自覺地以漢人的歷史觀為中心。可是，最初在臺灣生活的是原住民，然後才出現了漢族移民，接著經歷了日本統治，以及戰後從中國撤退來臺的國民政府。若以原住民的角度理解臺灣史，就可以看到截然不同的歷史面向。

日治時代有很多日本人移民到東海岸，這段開墾史其實鮮為人知。東海岸至今保留著一些日治時代建造的房子和神社遺跡，像「豐田村」、「林田村」這樣沿用到現在的日本地名也不在少數。日本統治臺灣這段長達半世紀的時間，在東海岸或許最能深刻體驗到吧。

東海岸是「療癒」和「學習」的地方。各位不妨趁著暑假或寒假，花上一個禮拜的時間，從花蓮到臺東，騎乘腳踏車或搭巴士來場愜意的旅行。也可以從臺北搭巴士或計程車，一個小時左右就能抵達宜蘭，在這裡待上幾天，享受溫泉、大啖海鮮，同樣不亦樂乎。或是漫步在基隆港周邊，到廟口夜市大快朵頤一番也很不錯。而走一趟與我父親的家族淵源很深的九份，體驗老街的歷史風情，同樣值得推薦。

如今，臺灣也興起了到東海岸旅行的熱潮。利用暑假或寒假在大自然資源豐富的東海岸悠閒度過，實在令人感到心曠神怡——許多臺灣人正這麼熱烈討論著。現在的東海岸，交通和住宿也愈來愈方便，如果沒搭上這波東海岸的旅遊熱潮就太可惜了。百聞不如一見，但是在出發之前，希望各位能先透過這本書，和我一起感受東海岸的魅力。

目次

臺灣版序　發現「另一個臺灣」……003
前言……007

第一章　尋根之旅——基隆・九份
港都夜雨・基隆的布魯斯（一）……018
港都夜雨・基隆的布魯斯（二）……030
存在於日本的「基隆」……038
懷舊氛圍——九份老街……047

第二章　宜蘭深度之旅
一起去宜蘭玩吧！……066

青蔥滿天下——羅東……069
點亮夜空的「搶孤」祭典——頭城……082
幾米公園、宜蘭四寶——宜蘭市……092
泡個冷泉清涼一夏——蘇澳……099
「百年民主」的聖地……108
臺日合作的親水公園——冬山河……117

第三章 在花蓮發現日本

父親的石頭——太魯閣……124
美食天堂——花蓮市（一）……132
老屋改造，活力重現——花蓮市（二）……145
移民村的神社——臺灣人的「記憶」……152
造訪電影的「故鄉」——港口村……168

第四章 臺灣的後花園——臺東

回到原點——太麻里……178
蛻變中的老街——臺東市……186
腳底按摩的神之手——長濱……197
自行車之旅+便當體驗——關山・池上……205
海岸線上充滿魅力的包包——東河……218
巧遇中國觀光客——知本溫泉……229
「突襲」原住民的豐年祭現場……238
昔有移民村，今有熱氣球——鹿野鄉……246
「紅葉少棒隊」的夢想軌跡——紅葉村……254
後記……265
臺灣東海岸的交通方式……271

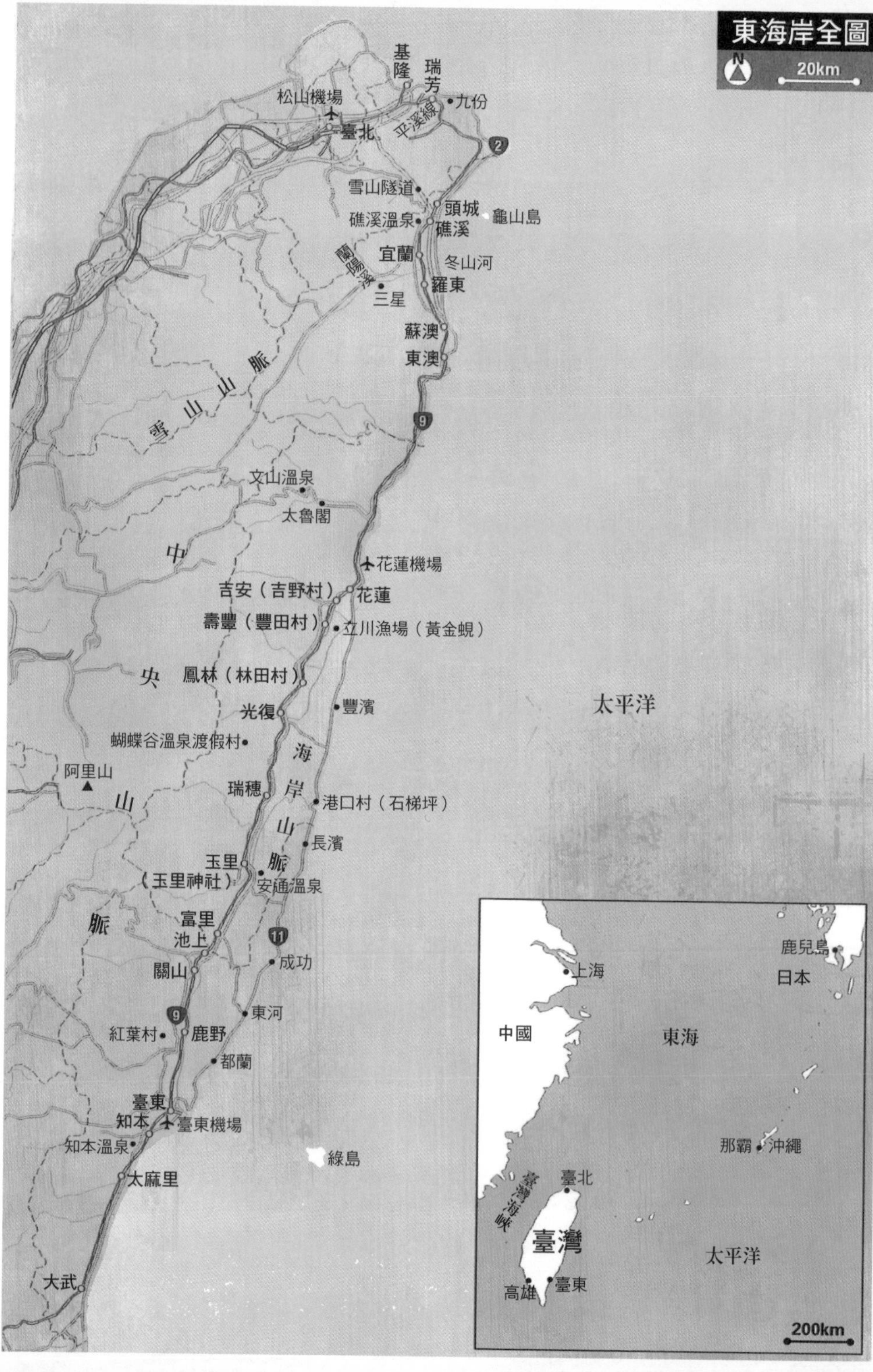
東海岸全圖
20km
基隆
瑞芳
九份
松山機場
臺北
平溪線
雪山隧道
頭城
龜山島
礁溪溫泉
礁溪
蘭陽溪
宜蘭
冬山河
羅東
三星
蘇澳
東澳
雪山山脈
文山溫泉
太魯閣
中央山脈
花蓮機場
吉安（吉野村）
花蓮
壽豐（豐田村）
立川漁場（黃金蜆）
鳳林（林田村）
光復
豐濱
太平洋
蝴蝶谷溫泉渡假村
海岸山脈
阿里山
瑞穗
港口村（石梯坪）
長濱
玉里
（玉里神社）
安通溫泉
富里
池上
成功
關山
紅葉村
鹿野
東河
都蘭
臺東
知本
臺東機場
知本溫泉
綠島
太麻里
大武
鹿兒島
上海
日本
中國
東海
那霸
沖繩
臺北
臺灣海峽
臺灣
太平洋
高雄
臺東
200km

第一章

尋根之旅——基隆．九份

港都夜雨・基隆的布魯斯（一）

基隆，又有「基隆雨港」的別稱，聽起來很浪漫，大概是全臺灣最適合雨的城市了。此外，從這個別稱也可以明白這裡的雨量有多充沛。

基隆位於臺灣東北部，面臨太平洋，三面環山，九成以上是丘陵地帶，從海上吹來的風遇到山脈阻擋而降水，所以基隆的街道總是下著雨。聽說以前不穿木屐出門的話甚至無法行走，即使到現在，也常常一整年都被濛濛細雨所籠罩。

基隆市的中心是天然良港基隆港。

十七世紀，西班牙人和荷蘭人先後從基隆登陸，占領沿岸，揭開基隆開發史的序幕。之後，中國的漢人大量移入，逐漸聚居，形成市街。

基隆以前叫做「雞籠」，據說是由於這一帶原本是臺灣原住民凱達格蘭族（Ketagalan）的居住地，以臺語簡略發音是「Kelan」，套用成漢字就是「雞籠」。

到了一八六七年，臺灣史上罕見的大海嘯侵襲

位於基隆市中心地帶的基隆港，近年停靠的觀光郵輪也增加了。（陳雲章攝影，基隆市政府提供）

基隆，奪走了許多人命，因此官方才把地名改成含有保佑「基地昌隆」之意的「基隆」。

新的名字似乎發揮了作用，清朝末期建設基隆港和開通縱貫鐵路，使基隆有了「臺灣頭」、「臺灣北玄關」等美譽，見證了當時的繁榮，成為海陸貿易的交通要衝。

基隆港東岸有基隆市政府、港務局，以及地標長榮桂冠酒店，港口則停靠著客輪和漁船。西岸有基隆車站、關稅局等，商業設施較少，基本上是貨物總站，軍艦也會在此停泊。

日治時代，連結日本和臺灣的內臺航路起迄點也是在基隆西岸，相當於現在的西二、西三碼頭倉庫的位置。白色的長方形倉庫在沿岸延伸，搭配藍色的屋簷和鐵門，散發出簡約清新的氣息。但卻不見半個人影，只有倉庫前廣場上的鴿子成群嬉戲著。

一八九六年，大阪商船公司率先連結神戶、門司到基隆的航線，一八九七年日本郵船公司也開通了神戶、鹿兒島、沖繩到基隆的航路，展開日本本土與外地的定期航路。

過去往來於日本和臺灣的船隻搭載過無數旅客，如今我就站在他們上岸的地方。

我從包包裡拿出一張黑白照片。

背景是一艘大型客船，有四位年輕男子站在碼頭，其中一位戴著紳士帽、穿著白色西裝的時髦男子就是我的叔父，其他人則穿著學生制服、戴著學生帽，也很英俊挺拔。我不知道這張合照是在什麼情境下拍的，是他們剛回到臺灣？還是正要出發到日本？但從大家抬頭挺胸的模樣，我也可以感受到些許驕傲。此外他們身後還有正在卸貨的碼頭工人。

我試著將這張超過八十年的黑白照片和眼前的風景相互重疊。

如今雖然沒有船隻和影中人，但港口與倉庫卻和黑白照片如出一轍。

就是這裡……。

我父親的老家在基隆，他出生於昭和三年（一九二八年），十歲留學日本時，應該就是和弟弟兩個人從這個港口乘船出發的。在十歲的小小年紀離開父母親的身邊，當時的心境究竟是如何呢？也許是背負著身為顏家長男的重擔，而同時懷抱著期待、不安和希望吧。

二次大戰結束後，在日本的臺灣人以戰勝國國民的身分搭船回臺灣時，也是在這裡靠岸的。我的父親重新回到父母親身邊一起生活，應當充滿了喜悅；也或許他處在戰爭結束的混亂時局，沒有時間沉溺在那份感傷當中。然而，當父親再度踏上自己出生的土地時，那瞬間的記憶在父親過世前應該都還留在他的腦海裡吧。

像父親這樣的在日臺灣人返回臺灣了，同樣地，也有許多在臺灣出生的日本人——也就是所謂的灣生——從基隆港出發返回日本。即使他們早已在臺灣成家立業、有土有財，最後也只能被迫離開。眼淚模糊了視線，他們在船上眼睜睜看著從小生活的臺灣，直到陸地消失在眼前。

戰後不久，從日本手中接收臺灣的國民黨軍隊同樣是從基隆登陸的。臺灣人紛紛擠到基隆港熱切歡迎國民黨軍隊，慶祝回歸「祖國」懷抱，當時的情景如今也留下了照片為證。

然而，一九四七年發生了二二八事件，許多無辜的臺灣人遭到殺害。到了正式進入白色恐怖時期的一九五一年，父親則再度離開基隆前往日本，當時他是「偷渡」過去的，至於在哪裡搭船，地點不詳。

在二二八事件中，我的祖父是事件處理委員會的核心人物之一，因而遭到通緝，顏家也受到當局的嚴密監視。身為長男的我父親要去日本，在正常程序上官方應該不會放行，因此有人說他可能是搭乘漁船或是偽裝成船員。我聽到的也都是這類模糊不清的傳言，至今還找不到可以對我說明真相的人，我想父親在世時，應該不曾向任何人透露過這件事情吧。

基隆港迎接或者送別這些懷抱著千頭萬緒的人，光是站在這裡眺望著港口，我就感覺胸口糾結在一塊了。

隨即又下起雨，這次雨勢變大了。打在海面上的漣漪也愈來愈強勁。雨中的港都，很適合吹奏布魯斯。

碼頭對岸有座小山丘，山頂豎立了一尊全白的觀音像，那是基隆市的另一個地標「中正公園」。那一帶就是父親的出生地——顏家宅邸「陋園」的所在地。

超過六萬坪的土地上，有著全由檜木打造的日式房舍和現代洋館，中間有走廊連接，還有偌大的水池和日式庭園，在日治時代是臺灣三大庭園之一。在昭和天皇還是皇太子時曾到臺灣視察，當時便指定留宿陋園，此外這裡也是基隆和臺北的小學生遠足的場所。

遺憾的是陋園的庭園和建築物在戰爭中遭受空襲，幾乎燃燒殆盡，日本投降後，由中華民國政府接受，變成了現在的中正公園。

「那座公園原本是顏家的財產啊。」

知道我是顏家後代的人經常這麼說。雖然沒有要求政府歸還的打算，但我的內心其實百味雜陳。

公園一隅有祭祀顏家列祖列宗的祠堂「顏家　奉安塔」，我的曾祖父、祖父以及父親的部分遺骨都安奉在那裡，每年的八月十九日開塔門，顏家後代子孫會齊聚一堂上香祭拜祖先。因為很多家族成員都定居國外，所以參加的人數逐年減少，自今年（二〇一六年）起，改成在三月開塔門祭拜，我也因此特別挪出時間參加祭祖儀式。

睽違近三十年再次造訪，我對這裡的記憶也變得模糊，記憶中的奉安塔是座高聳巨大的塔，但實際上卻不然，這裡還有石燈籠、狛犬、刻著顏家歷史的石碑、神秘的佛像等，祠堂周遭混合著中華和日本的元素。

圓頂的奉安塔內部有三層，最上層安奉的是曾祖父輩的遺骨，中層是祖父輩，最下層則是我父親那一輩。

父親的遺骨依照母親的意思，日本和臺灣各分一半。儀式開始前一一打開安置先祖遺骨的龕門，卻只有父親那扇門不為所動。

也許是氣我長久以來不曾來祭拜的緣故吧。

「爸爸，對不起。」

我在心裡默唸著，再一次使力，或許是女兒的道歉起了作用，龕門喀地一聲打開了。全黑的大理石骨甕上貼著父親年輕時的照片，刻著「故　顏惠民之靈骨」幾個字。

以前臺灣的大家族傳統上是由長男繼承戶主的地位，必須和祖先的靈骨合祀。我的父親身為長男，不管自己的家人身在何處，他所背負的命運，就是必須把靈骨安奉在基隆的這塊土地上。

手摸著被關在這座塔內的父親的骨甕，明知道這是自己的父親，卻又感覺如此遙遠。母親的遺骨在日本，夫妻死後卻相隔臺灣和日本兩地，這骨甕裡的遺骨會不會感到寂寞呢？會不會思念女兒呢？我在心底低聲問道，但當然得不到回答。

參加祭拜的人數不到十五人，對曾經是望族的顏家人來說，感覺相當冷清寂寥，所幸遇到好久不見的親戚，還能互相報告近況。然而，祠堂的所在地已經不再是顏家的土地，現在為了祭拜祖先而借用這塊土地，得繳交租金給政府，縱使心裡覺得有點委屈，也只能接受現實。

在中正公園山腳下的高等職業學校「基隆市私立光隆高級家事商業職業學校」的校園裡，還有顏家在基隆留下的足跡。

實際上，基隆只剩下光隆家商還屬於顏家。現在的經營者是父親的弟弟，也就是我的叔父，父親以前也擔任過會長，顏家宅邸就在這附近。

關於父親出生的家，我手上的黑白照片幾乎沒有半張拍到宅邸全景，只能全憑想像。不過基隆出生的畫家

基隆出生的畫家王傑先生的作品。包括後山在內全都屬於顏家的宅邸「陋園」。

王傑今年在臺北畫廊開個展時，我聽聞作品裡有基隆的市街而前往參觀，看到展覽裡以特別醒目的方式掛著一幅近一公尺長的畫作。

環繞著山腳下興建的日式房屋和洋館，還有像是浮在池面上的五層石燈籠。

該不會是……。我佇立在似曾相識的風景前看傻了眼，沒錯，這正是顏家的宅邸「陋園」。

與父親老家相關的照片如今都只留下黑白照，然而眼前在藍天白雲和翠綠山巒襯托下的「陋園」，簡直栩栩如生，完美重現，這難以置信的巧合，讓我的心頭湧上滿滿感動。彷彿冥冥中的安排那樣，平常對繪畫不太感興趣的我，無論如何都想要買下這幅畫。

帶著圓框眼鏡、蓄著短髭、散發出一股藝術家氣息的王傑，一九六八年在基隆市郊的七堵出生，自臺北的大學畢業後到西班牙留學，直到二〇〇三年回臺以前，他對故鄉基隆的印象僅止於零碎的記憶，並不是很熟悉。

某一天，在西班牙給予他諸多照顧的教授來臺灣玩，王傑在導覽時介紹了基隆曾經被西班牙占領的歷史，看到教授大吃一驚的模樣，反而激起他想要深入認識故鄉的念頭。

於是他在基隆市區成立畫室，開始畫基隆風景的素描，甚至挖掘出描繪對象背後的故事，把畫作和故事串連起來，出版了《畫家帶路：基隆小旅行》這本書，也開設素描教室，和學生分享街角素描的喜悅。當他聽聞內臺航路的起迄點「基隆西二、西三倉庫」要全面拆除、推動都市更新計畫時，也參與了抗議活動，所幸倉庫最終得以保存下來。

王傑的畫室就開在有名的「奠濟宮」附近，這一帶也是基隆市最熱鬧、最有名的夜市。畫室是由日治時代的建築物改造而成，其中一間的牆壁漆成黃色，立著幾幅畫作，帶些西班牙風格的藝術空間，儼然和日治時代的建築物融為一體。

王傑之所以會動筆描繪顏家的「陋園」，其實是來自某間建設公司的委託。客戶在陋園的部分土地上蓋了高級住宅大樓，不動產公司推出豪宅預售案的文宣就主打「顏家陋園舊址變身豪宅」，因此王傑受託描繪要用在海報和傳單上的陋園。

他憑藉著手邊僅有的資料——只拍到一部分陋園的黑白照片，把照片和現在的中正公園相互對照後，加上自己的想像力推測原貌，一筆一畫完成作品，也就是我後來買下的這幅畫。

我和王傑一樣，對父親的故鄉基隆一無所知。

基隆在臺灣史上是非常重要的地方。

在臺灣史上最悲慘的二二八事件爆發之際，基隆港的海面上曾浮著許多具罹難市民的屍體。二二八事件是起因於警察查緝販賣私菸的婦人而引發的暴力事件，當時取代日本統治臺灣的國民黨軍隊軍紀腐敗、治理無方，造成廣大群眾心生不滿，在臺灣各地發起激烈的抗議行動，卻遭到從中國調派來的大批國民黨軍隊強力鎮壓，大約有兩、三萬臺灣民眾未經正當程序的審判或調查就遭到虐殺。

為了鎮壓人民而從基隆港上岸的國民黨軍隊一路展開了屠殺行動，用鐵絲刺穿民眾的手掌並手持機關槍掃射。用鐵絲把人串成一排後，只要第一個人倒下來，旁邊的人就會像骨牌般紛紛跟著掉入海裡，如此殘忍的殺害手段反覆地進行著。

當時有一些沖繩出生的日本人住在基隆市的離島和平島（當時稱為社寮島），他們也被捲入了這起事件。從沖繩到基隆只有咫尺之遙，很多沖繩人會到臺灣從事漁業、農業、家庭幫傭等各種工作，移居的話也多會選擇定居在基隆的和平島，因此這裡甚至發展出沖繩人的聚落。

當時基隆遭遇強烈鎮壓，在和平島更是展開了恐怖的肅清行動，沖繩人不懂國民黨軍隊使用的北京話，莫名其妙被捲入其中，遭到殺害。估計當時犧牲的人數達三十名，但是實際情況則不詳。

和平島位於基隆港東側的最北端，從本島渡過和平橋就是漁港，氣氛也截然不同。過去的沖繩聚落已不復在，穿過密集的住宅區，往島嶼北部前進就會抵達和平島公園，那裡有海水浴場，還有受海水侵蝕而成的著名奇岩景觀。茶色的岩石形成格子狀的豆腐岩，又被稱為「千疊敷」，當年有許多人就是在這個地方犧牲的。

為了悼念客死異鄉的沖繩漁民，最近官方在得以眺望千疊敷的平臺上設立了慰靈碑和銅像，這座「琉球漁民慰靈碑」上頭是一艘小型漁船，船上的漁民展現了與大海搏鬥的英姿，卻沒來由地令人感到有些悲愴。

港都夜雨・基隆的布魯斯（二）

基隆是對外開放的港口，因此有很多人到國外留學，也有不少商人和知識分子定居在這裡，其中不乏二二八事件的受難者。當時我的祖父也遭到通緝，後來幸運保住一命，當時如果一個不小心，他可能就會成為基隆港海面上的浮屍，那畫面光是想像就令我不寒而慄。

雖然基隆有著如此悲傷的歷史，但另一方面，這裡很早就開始接觸歐美文化，所以和其他城市比起來，街上的咖啡店或酒吧文化也早一步落地生根。以前港口周邊的酒吧有著濃厚的俱樂部色彩，店內有酒吧女郎為客人服務，她們的內涵和美貌據說是臺灣第一。基隆現在還留有幾間酒吧，此外也有許多新開的咖啡店。

從港口往正南方走去，穿越繁華街區、渡過基隆河支流，不久就可以看到一間時尚的咖啡店「Eddie's Café Et Tiramisu」。咖啡店的周遭都是普通的小吃店，感覺不免有些突兀，入口處是芥末黃的雙扇門，上面掛著黑色招牌，讓人聯想到義大利的小酒館。

店主Eddie（陳紹基）在基隆出生，今年就要邁入五十歲了。他高中畢業後就到臺北打拚，幾乎過著與基隆不相往來的生活，他的祖父和父親這兩代則在咖啡店附近的菜市場批發販賣雞鴨等家禽類。

「這裡以前是屠宰場。」

Eddie認為殺生不好，因此下定決心不繼承家業，而開始經營咖啡店。畢竟他在臺北從事的是餐飲工作，所以不全然算是門外漢。他在店裡為顧客提供貼心周到的服務，不管是喝的咖啡或吃的蛋糕，都品嚐得到他的用心。

「Eddie's Café Et Tiramisu」採用精心挑選的咖啡豆並販售手工蛋糕。

店內空間大概可以容納十五個人，我拜訪的那天幾乎客滿了，顧客似乎都是當地人，旁邊兩位大叔的對話還傳到了我的耳朵裡。

「在基隆能夠放鬆地喝上一杯咖啡的地方，大概只有這裡吧。」

基隆的咖啡文化應該在日治時代就已經奠基了，可是當地人似乎認為現在的基隆能夠使人沉澱心情的空間並不多。

「基隆發展得太早了，讓人至今仍無法拋下過去繁榮時的自傲。」

Eddie如此說道。從清朝到日治時代是基隆的鼎盛期，往往走在時代的最前端，一九八〇年代成為運輸貨物的港口，是排名全球第七大的貨櫃港。然而隨著時代變遷，貨物量減少，停泊基隆港的船舶數量驟降，近三十年來幾乎沒有任何成長，基隆就這樣變成了停滯不前的都市。

但Eddie認為其實沒有必要興建大型的建築物，他希望基隆港能夠成為強調休閒觀光的遊艇碼頭，讓民眾能夠眺望著港

「金豆咖啡」是基隆市第一家露天咖啡店，是充滿人情味的當地民眾小憩片刻的空間。

口，享受心曠神怡的開闊感。

接著我還想要介紹另一間咖啡店，就是王鴻麟經營的「金豆咖啡」。王鴻麟的父親從碼頭的職務退休後，一九八〇年在三十一號陸橋下開了「金豆咖啡」一號店，據說是基隆市第一間露天咖啡店。從早上六點營業到晚上九點，許多在碼頭或市場工作的人經常光顧，雖然王鴻麟的父親已經過世了，現在依然照常營業。

我走進咖啡店，喝著咖啡的客人彼此幾乎都認識，店裡沒有冷氣，只有電風扇，儼然成為當地人小憩片刻的悠閒空間。

二〇一二年，王鴻麟在離金豆咖啡三分鐘腳程的地方，找到了一間有六十多年歷史的老房子，他將房子改裝成帶些文藝氣息的沙龍「金豆咖啡品味迴廊」，想開讀書會或發送藝文訊息的人可以在這裡交流，此外也舉辦了很多活動。

「我認為基隆是臺灣的縮影。」

王鴻麟如此說道，臺灣有句俗諺是「外國的月亮比較圓」，意思大概類似日本人說的「鄰家芳草綠」吧。比起自己的故鄉，臺灣人容易覺得什麼東西都是外來的比較好，基隆尤其明顯有這種傾向。即使動手做些有意義的事情，周圍也沒有任何反應，就像把一顆石頭丟到茫茫大海中，整座城市裡瀰漫著這樣的無力感。

「如果沒有繼承咖啡店，我應該很早就離開這裡了吧。」他嘆了口氣說道。我聽了似乎多少可以理解他的心情。

只是這樣的基隆如今也出現了一些變化的徵兆。

在臺灣社會，臺灣人的身分認同意識愈來愈強烈，選擇回到故鄉、深入認識故鄉的行動形成一股潮流，從臺北等外地返回基隆的年輕人也逐漸增加。對這些人來說，像王傑、Eddie和王鴻麟這些四、五十歲的中生代，絕對是最佳導師，他們對基隆的優點如數家珍，也不吝傾囊相授。

二〇一六年六月二十五日，基隆舉辦了建港一百三十週年的紀念活動，我以「中能登町觀光大使」這個有點特別的身分出席。這是因為我從母姓的姓氏「一青」，正是起源於石川縣中能登町，但是，得知中能登町和基隆的交情匪淺，則是近幾年的事情。

中能登町和基隆的緣分，是由一位臺灣牙科醫生牽線的。這位醫生正是中能登町第一位臺灣牙科醫生周振才先生，就是他促成了基隆市和中能登町的學生交流活動。

周振才先生在一九四七年出生於基隆的牙醫世家，在家裡男丁中排行老三，家族三代都是牙醫。他從臺北醫學院（現在的臺北醫學大學）牙醫學系畢業後，在臺北開業行醫，之後全家到日本旅遊，拜訪在日本當牙醫師的哥哥，沒想到就此愛上了日本。

過了三十歲，學習日文的過程困難重重，但是他不眠不休地準備日本的牙醫師國家考試，一次就考過了。一九八二年，他如願開始在日本工作，在幾個候選地區裡，他選擇了和基隆一樣有海的中能登町。

小鎮上突然出現了第一位牙醫師，而且還是個外國人，當然馬上造成話題。周振才先生操著一口臺灣口音的日文，受到當地居民熱烈歡迎，每天都會收到左鄰右舍送來的新鮮漁獲，吃也吃不完。

「這裡的星星真的很漂亮，空氣也很清新。」

和鎮上的人相處愉快，就這樣過了九年，已經打算死後要葬在這裡的他，甚至連房子都買了，後來卻接到在基隆開業的父親病倒的消息，為了繼承家業只得回到臺灣。

回到基隆的隔年，一位中能登町的朋友提議讓鹿島中學（現在的中能登中學）和基隆的國中進行學生交流，剛好周振才夫人的國中導師和成功國中的校長是舊識，因此築起了這段國際友誼。

就這樣，我父親的故鄉基隆和母親的故鄉中能登町產生了連結，而且牽線人是和我同樣身為牙醫師的周先生，當我得知這項巧合時，不禁起了一陣雞皮疙瘩。

二〇一六年我被任命為中能登町的觀光大使，於是連同石川縣議會議員、中能登町的町長、町議會議員、町職員等十七位成員，大陣仗地到基隆共襄盛舉。

如同「雨港基隆」的別稱一般，活動開始之前下起了大雨，我們還暗暗擔心延誤行程，沒想到雨一下子就停了。和基隆市締結友好城市的各國嘉賓中，來自日本的還包括了廣島縣的吳市、熊本縣的八代市等代表，大家到場祝賀，並一起搭乘觀光船在基隆港內進行約一小時的巡航。

搭乘交通工具容易頭暈的我，雖然一開始很怕會暈船，但港內的海面上風平浪靜，顯然是我多慮了。這是我第一次從基隆港搭船，周圍的景色緩緩動了起來，岸邊也離得愈來愈

基隆港曾經是全球第七大的貨櫃港，輝煌一時，現在也有大型的貨櫃船往來穿梭。

遠。我們剛才所在的綠色建築物長榮桂冠飯店前停靠著灰白色的軍艦，還看到了純白的海巡艦艇，形成軍港和商船兼用的港口景象。

對面則是貨櫃集散站，看著眼前顏色各異的長方形貨櫃層層堆疊，我心底納悶著這樣的貨物量不知是多是少。

不久前，我看了一部臺灣的紀錄片《老鷹想飛》，才知道曾經有許多老鷹在基隆港上方自在翱翔，但是近年來老鷹的數目卻驟減。導演追蹤老鷹生態長達二十年，拍成了這部紀錄片，而老鷹的生態系會遭受破壞則和過度使用農藥及濫砍森林有關。

我一邊看著電影，一邊想著當年父親搭船出港時，是否也有許多老鷹在天空中盤旋呢？如今我望向天空，萬里晴空除了掛著一朵雲之外，什麼也沒有。

二〇一四年底新上任的基隆市長是出生於一九七一年、非常年輕的林右昌先生，而此刻慶祝建港一百三十週年的活動主題則是「基隆啟航、重返榮耀」。

一直以來停滯不前的父親的故鄉基隆，為了重返國際港灣都市的榮耀，也開始朝向未來動了起來。而我何其有幸能夠代表母親的故鄉參加第一步的慶祝活動，這也許是父母親在天之靈的引導吧。

我想，承載了無數悲傷的基隆港在這一天也會感到相當欣慰。

存在於日本的「基隆」

二〇一六年七月二十日，東京都內的飯店裡舉辦了一場名為「關東地區基隆會」的聚會，我也應邀出席了。手上拿著會場發放的小冊子，發現裡面介紹了一首〈基隆市歌〉，歌詞如下：

〈基隆市歌〉

作曲　一條慎三郎　作詞　加藤春城

一、

天然良港的優勢　加上人工建設

做為進出高砂島的關口　從早到晚熙來攘往

千百艘船隻入港匯集　實至名歸

承蒙恩寵　我們的基隆市

二、

貨物絡繹不絕運上岸　海洋蘊藏無盡的寶藏
清晨聽著汽笛聲醒來　傍晚使勁划著船槳
靜謐的海水漲潮了
生氣蓬勃　我們的基隆市

三、

旭岡上陽光燦爛　希望之光普照
敦親睦鄰各守本分　日日辛勤工作
自治的基石就在這裡
永盛不衰　我們的基隆市

基隆市是以基隆港為中心發展起來的。戰爭結束後，許多在臺灣生活卻遭到遣返的日本人，就是在這個港口搭船回國，其中不乏在基隆出生長大的灣生們，而「基隆會」這個組織正是由對基隆懷抱著深刻情感的他們一手創立的。

一次偶然的機緣下，我在與臺灣相關的交流活動上認識了廣繁喜代彥老先生，他熱情地向我邀約：「要不要參加基隆會的成員呢？畢竟基隆可是妳父親出生的地方啊。」

廣繁先生是關東地區基隆會的成員，拜他所賜，我才知道「基隆會」的存在。他在日本統治下的基隆出生長大，曾就讀基隆市的雙葉國民學校。某次聚會上他翻開了翻印的畢業紀念冊給我看，裡面有父親的胞弟、我的叔叔顏惠忠的黑白照片，那時還是小學生的他一派天真無邪的模樣。

當時的國民學校是專門給日本學童就讀的，一個學級大概有五十多名學生，而其中臺灣學童通常只有兩三位而已。父親出生於地方望族，因此我的祖父從我父親開始，都把自己的小孩送入國民學校，與來自內地的日本學童一起在教室裡學習，而不是送到專供臺灣人就讀的公學校。

當我知道基隆會裡的日本人曾經在臺灣與父親或父親的手足一起上課玩耍時，心裡不禁洋溢著滿滿的感動——即使物換星移，這些記憶也不會風化。

關東地區基隆會的成立初始，會員有兩百四十位，我是在二〇一三年開始參加第十七屆的聚會，剛好也是從那個時候起，成員急速地減少。到了二〇一六年舉辦第二十屆聚會時，出席的灣生只剩三十位，都是超過八十歲的老人家，有的人甚至高齡將近九十，因此人數驟減可想而知。雖然內心難免會感到些許惆悵，但是也有令人欣慰的消息，那就是最近幾年，灣生的兒女們或孫字輩的成員也逐漸增加，聚會裡經常可以看到年輕人的身影穿梭其中。

而我的出席，或許也讓成員的平均年齡稍微降低了些吧。

2013年第17屆關東地區基隆會的聚會。

在基隆會裡，沒有人不知道基隆顏家。在這樣的場合，大家也都稱呼我為「顏桑」，並且會主動與我分享當時的童年趣事。

「我經常到顏桑的家裡玩，而且在庭院的池子釣過魚喔！」

「雲年就是住在那一大幢別墅裡頭吧！」

他們口中的「雲年」，指的就是我的曾祖父。

當時的顏家宅邸「陋園」占地面積相當廣闊，有日式房舍和洋派建築，山麓上到處是盛開的杜鵑花，庭院的水池裡還有數不清的錦鯉自在優游，顏家的宅邸於是成了同學們放學後的遊樂場。

基隆在昭和六年（一九三一年）實施行政區整編而變更了町名，當時的基隆市共有二十八個町。

壽町、入船町、義重町、雙葉町、日新町、高砂町……。

聚會時，從大家的言談之間可以強烈感受到，幼時的基隆景色與町名，至今依舊深深烙印在他們的腦海裡。

這一年的基隆會聚會特別值得紀念，因為現任基隆市長林右昌先生也專程前來參加。他因為私人行程而剛好造訪日本，當我開口邀約時，他便爽快地答應了，這也是基隆會成立至今，第一次有現任的基隆市長參加。

林市長上臺致詞時表示：「當我知道有一群灣生如此深愛著基隆、對基隆念念不忘時，我打從心裡感動不已。謝謝你們長久以來對基隆這塊土地的掛念與愛護。」語畢，臺下也響起了一片掌聲。

基隆，是一個愈深入了解，愈會覺得有趣的地方。基隆車站改建後，外觀像是一只鳥籠，一整面落地玻璃的設計，可以遠眺廣闊的海洋，儼然搖身一變成為風格時尚的車站。當然基隆的美食也是有口皆碑，廟口的小吃可說大勝臺北的夜市，名聲之響亮，就連平日也有許多人慕名而來，往往擠得水洩不通。

每年農曆七月舉辦的基隆中元祭，至今已有一百六十年的歷史，活動規模堪稱全臺第一，甚至被交通部觀光局評選為「臺灣十二大地方節慶」之一。我也實際到了現場，看著街上綿延不絕的遊行隊伍，真是讓人大開眼界，為了祭拜神明和普渡好兄弟，各個參加的團體無不使出渾身解數把場面炒得熱鬧非凡，其中有像日本祭典裡經常出現的山車那樣的藝閣，以及不同主題的燈車和陣頭，還有動漫人物或以《三國志》為主題的隊伍、坐在巨大牛背上的農夫、康樂隊、像日本早期偶像團體光源氏的溜冰隊，各式隊伍一組接著一組從我面前經過，讓人眼花撩亂。而活動從白天開始，一直持續到晚上十一點過後，可說是一場持久戰，要是肚子餓了還可以去夜市買點小吃，一邊吃一邊看熱鬧。

這場活動也邀請了世界各國的表演團體，主持人還用雙語進行，這在其他都市是不常看到的，可以從中感受到基隆積極打造的「國際都市」形象。當地居民紛紛說道，看到如此熱情沸騰的中元祭活動，感覺就像回到了過去那個生氣蓬勃的基隆。

在年輕有為的市長帶領下，基隆市日益進步和改變，相信大眾有目共睹，也確實感受到了飛躍性的成長。

另一方面，對於那些緬懷過往時光的基隆會成員來說，七十年前的景象依然留在灣生的記憶裡頭，不曾褪色。隔著海洋，穿越時光，大家愛著基隆的心緊緊相連。

今後，我也會一面守護著父親的故鄉基隆的未來發展，一面透過關東地區基隆會的成員，把父親生前的基隆景象拼湊起來，建立起屬於我與父親的另一個連結。

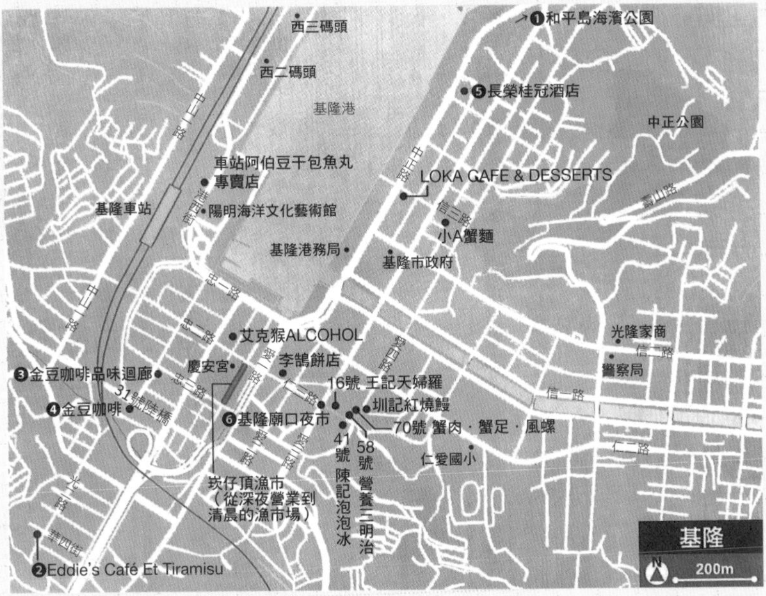

從早上就熱鬧滾滾的基隆「廟口夜市」。許多店家都有遮雨棚，即使下雨也能放心享受美食。

【基隆】

❶和平島海濱公園
基隆市中正區平一路 360 號
☎ 02-24635452
㊡ 5-9 月 8:00 ～ 18:00
10-4 月 8:00 ～ 17:00

❷Eddie's Café Et Tiramisu
基隆市仁愛區華四街 25 號
☎ 0989-840-785
營 13:00 ～ 21:00　休 星期三

■ 艾克猴 ALCOHOL
基隆市仁愛區忠一路 3 巷 23 號
☎ 02-24252795
營星期日～四 19:00 ～ 1:00
星期五、六 19:00 ～ 2:00

❸金豆咖啡品味迴廊
基隆市仁愛區忠三路 75 號
☎ 02-24258817
營星期一～六 12:00 ～ 22:00
星期日 12:00 ～ 18:00
休 星期二

❹金豆咖啡
基隆市仁愛區忠四路明德商場 72 號
☎ 02-24258817
營星期一～五 10:30 ～ 19:00
星期六 12:00 ～ 19:00
休 星期日

■ LOKA CAFE & DESSERTS
基隆市中正區中正路 28 號
☎ 0920-393-370
營 12:00 ～ 22:00
位在基隆港東岸的咖啡店。

■ 李鵠餅店
基隆市仁愛區仁三路 90 號
☎ 02-24223007
營 9:00 ～ 21:30
http://www.lee-hu.com.tw/
臺灣的百年餅店。

※ 請參照第 45 頁的地圖。

❺長榮桂冠酒店
基隆市中正區中正路 62-1 號
☎ 02-24279988
基隆首屈一指的大飯店，就蓋在港口旁，是眺望海景的好地點。

■ 小A蟹麵
基隆市中正區信三路 13 號
☎ 02-24282756
營 9:00 ～ 15:00　休 星期日
怎麼點都好吃，我最喜歡的是他們的特製蝦捲，美味無比。

■ 車站阿伯豆干包魚丸專賣店
基隆市仁愛區港西街 17 號
☎ 02-24256695
營 4:30 ～ 15:00
豆干包是把豬絞肉塞進油豆腐裡再用魚漿封口的基隆特色美食，這間店則是專賣豆干包的老字號。

❻基隆廟口夜市
基隆夜市裡很多家店不是只有晚上營業，而是從早上就開始營業一整天。

● 圳記紅燒鰻
營 17:00 ～ 24:00
將紅燒鰻加入濃稠羹湯而成，這間是開店超過 40 年的名店。

● 16號 王記天婦羅
營 11:00 ～ 24:00
鯊魚魚漿製成的天婦羅，非常受歡迎。

● 41號 陳記泡泡冰
營 10:00 ～ 24:00
國定假日 10:00 ～ 2:00
將刨冰打成綿密細緻的甜品，我推薦的是花生口味。

● 58號 營養三明治
營 11:00 ～ 2:00
熱狗麵包油炸而成的三明治，讓人一吃上癮。

● 70號 蟹肉・蟹足・風螺
營 16:00 ～ 2:00
料理新鮮蟹爪、河蝦和風螺的小吃店，也提供啤酒。

懷舊氛圍——九份老街

有一天下午，沒來由地，我的腦海裡突然浮現一個疑問。

為什麼九份會叫做「九份」呢？縱然知道這個地方對顏家來說非常重要，可是出生至今超過四十年，我卻從沒想過這個問題，不禁覺得有些汗顏。

因此我查了一下，發現九份的地名由來其實很簡單，因此不禁失笑。據說在大約三百六十年前的清朝初期，這一帶是只住了九戶人家的小村落，對外交通困難，因此不管其中一戶要買什麼日用品，總會跟賣東西的要求買九份，因而得名。

九份老街座落在山坡地，從臺北開車出發的話，不到一個小時即可抵達。標高約九百公尺的傾斜坡道兩旁林立著茶藝館、小吃店、特產店等，從遠處看像是黏上去的明信片風景，瀰漫著濃厚的懷舊氛圍。對於海外遊客來說，九份是必定造訪的觀光勝地，主街上掛著一盞盞紅燈籠還有陡峭的石階，這樣的照片幾乎出現在所有臺灣的旅遊書和觀光手冊的封面上。

其實花個三十分鐘就可以大致逛完這條小小的街道，只是這裡每天都會湧入大批遊客，到了週末更是寸步難行，人潮多到進退兩難。

最近，臺灣的報紙上刊登了一則有關九份的新聞，標題是：

「《神隱少女》靈感不是來自九份！」

據傳宮崎駿導演是從九份得到靈感，以老街做為《神隱少女》的場景，在二〇〇一年電影上映後，九份的人氣更加水漲船高。因此向別人介紹九份時，只要說「這裡是《神隱少女》取景的地方」大家都會懂，自己也覺得與有榮焉。但如今被證實這只是謠言，我的心情不禁有些複雜。

九份曾經只有九戶人家。如果只認識現在這個熱門的九份，或許很難相信這裡曾經是如此偏僻寂寥的貧窮山村。

但是，現在看到的熱鬧景象在九份並非頭一次出現，其實這

在擁擠的九份老街幾乎是被人潮推著前進。

裡過去曾經有過一段「黃金時代」，而且和我父親出身的顏家有很大的關聯。

我父親的名字是顏惠民。「顏家」在過去是大財閥，名列臺灣五大家族之一。所謂的臺灣五大家族，是指日治時代的臺灣在政治上和經濟上都發揮了莫大影響力的五個名門望族，從北往南有基隆顏家、板橋林家、霧峰林家、鹿港辜家，以及高雄陳家。

雖然真偽不明，但據說父親所屬的顏氏家族是孔子最得意的弟子顏回的後代，他們在中國各地輾轉遷徙，後來定居福建安溪。清朝乾隆皇帝時，顏家的祖先渡海來臺，最初以捕魚維生，一八九〇年開始在臺北偏北部的基隆河採金礦，顏家的財富於是逐漸增加。

當時，顏家是以現在的基隆市和新北市的交界附近為據點，大概就位在基隆河一帶的「四腳亭」。四腳亭有新北市最大的砲臺遺跡「四腳亭砲臺」，附近也有顏家最初的宅邸「福隆居」，聽說是座氣派的三合院，在好奇心的驅使下，我便特地去尋找。

前往福隆居的道路剛好是公園預定地，因此鋪著水泥。一直往下走，眼前突然出現一座莊嚴體面的墳墓，外觀像日本的「前方後圓墳」，墓碑上用金色字跡刻著「顏」字，工法相當細膩。再往前走，會看到另一個由磁磚鑲嵌而成的「顏」字墓碑，可惜墓地位於高處，無法靠近。

看樣子，這一帶的確是顏家發跡的地方，但是，最重要的福隆居卻不見蹤影，於是我走向路旁的民宅，直接找人詢問。

「就在那上面的雜木林裡喔。」

民宅的阿姨這麼告訴我。我的確看到遠處隱約有棟建築物藏身樹林中，應該是很久沒有人居住的緣故，通路完全被草堆埋沒了，建築物周遭的茂密雜草更是長到和我身高一樣的高度，難以接近。

即使如此，我仍一心想要親眼看看祖先的家，於是努力撥開雜草往前走。建築物的基礎結構勉強支撐著，但是屋頂已經崩落，這樣下去的話，不用幾年就會崩壞傾頹，融入雜木林的風景裡吧。顏家的發跡地眼看著就要消失了，我雖然悲傷，卻無能為力。

日治時代，原本長眠在九份的金礦由明治時代的關西財經界大老藤田傳三郎創設的「藤田合名會社」（簡稱藤田組）開始開採。我的曾祖父顏雲年那時從藤田組手中繼承了九份一帶的開採權，成立「臺陽礦業株式會社」，為礦山帶來前所未有的繁榮。

顏雲年是臺灣首屈一指的礦山大王，人稱「炭王金霸」，他和日本的三井財閥以及商人木村久太郎建立合作關係，跨足鐵路、金融、食品、保險、造船、林業等多項事業，鼎盛時期的關係企業超過五十間，是一位落實多角化經營的實業家。

一九一七年，九份的金礦產量達到最高峰，堪稱東亞第一的金礦山，風光一時。數以萬計的人搭上這波淘金熱潮，移居到此，學校、電影院、商店、酒樓等陸續出現，原本只有九戶人家的九份搖身變為「小香港」，熱鬧的程度可見一斑。

但戰後禁止了金礦的自由買賣，又受到煤礦產量嚴重衰退的拖累，一九七一年，顏家正式結束九份的採礦事業，決定關閉礦山，導致九份的人口急遽減少，這座小鎮也逐漸消失在臺灣人的記憶裡。

然而，因為一部電影的上映，讓九份重新復活了，那就是臺灣電影巨匠侯孝賢導演拍攝的《悲情城市》。這是第一部以臺灣社會長期視為禁忌的二二八事件為題材的電影，曾在義大利威尼斯國際影展獲獎，讓侯孝賢導演的名字和臺灣電影揚名國際。

這部電影以港都基隆和九份、金瓜石為舞臺，從一九四五年八月十五日廣播播放昭和天皇的「終戰詔書」開始，故事圍繞在經營「小上海酒家」的林氏家族四兄弟，其中有句臺詞令人印象深刻。

「本島人最可憐，一下日本人，一下中國人。」

身為本島人的主角為自己被時代擺布的人生悲嘆不已。

日治時代結束後，卻是國民黨獨裁統治的開始，《悲情城市》是第一部正式探討當時的臺灣和臺灣近代史，以及臺灣人身分認同問題的電影。

電影中還有另一個令人感動的場景，就是在尾聲女主角讀著信上的內容時。

「……九份開始轉冷了，芒花開了，滿山白濛濛，像雪……。」

此時的畫面沿著山中蜿蜒的小徑旁隨風搖擺的草木構成了美麗的風景。雖說臺灣位於副熱帶地區，四季變化不明顯，可是在九份卻能夠感受到四季分明的特色。

電影的拍攝地點九份頓時成為許多人的注目焦點，也開始湧入大量遊客，旅行手冊的封面通常是最主要的「豎崎路」，這條路由三百六十二階的石階構成，坡道兩旁的茶藝館櫛次鱗比，也是因為這部電影上映後帶動了觀光熱潮而發展起來的。

在礦脈開採殆盡之前，繁榮的九份是什麼樣的光景？我曾聽以前在顏家工作的老員工形容過當時的好景氣，像是「把金礦放在口袋裡就去吃飯」、「礦夫在工作結束後，徹夜飲酒作樂，隔天再繼續上工」、「酒樓裡燈火通明、不曾熄燈」等等。

很難想像已經成為觀光景點的九份當年挖掘金礦和煤礦的時代樣貌，當時的街景究竟是什麼模樣呢？透過吳念真導演的電影《八番坑口的新娘》，或許可以找到答案。

「八番坑」指的是九份在鼎盛期金礦產量最多的坑道。

這部電影是在八番坑和周遭地區取景的，故事主角是一位自願從臺北轉調到九份派出所的警察，和住在九份、精神異常的寡婦。

一開頭，警察被長官問及：「你怎麼會選那個地方呢？」後來寡婦又對著關閉的坑道口吶喊丈夫的名字，透過這些畫面，我推測這應該是礦山關閉後到一九八〇年代之間的故事。

男主角是個性木訥耿直的年輕警察江萬水，在他任職的九份派出所前，每天都會看到阿鳳默默拿著掃把從九份一直掃到瑞芳。阿鳳因為當礦工的丈夫死於礦坑意外而發瘋，又遭到村內男性一再侵犯而生下一子一女，面臨著喪夫和被強暴的雙重打擊，命運乖舛。心生同情的江萬水於是決定和阿鳳結婚，從此過著幸福的日子。

這是一部很樸實的電影，以淘金潮結束後沒落的九份為背景，是深入刻劃當地民眾日常生活的珍貴作品。一九八〇年代的九份人口不過數千人，與過去曾被稱為小香港、人口多達五萬多人的時代相比，繁華褪盡的街道顯得凋零冷清。電影裡還有一位當地警察提起過去的榮景，令人印象深刻。

「這條小街上開了二十七個酒家，據說到這兒來的人身上都不帶現鈔，只帶著金塊，看上哪個女人就切一塊給她，所以有人管九份就叫做小上海。」

這和我聽到的幾乎如出一轍。

現今九份的大部分土地還是屬於顏家所有，可是曾經被稱為炭坑王的榮景已不復見，目前僅存的大概就只有一九三七年興建的「臺陽礦業事務所」了，而這棟建築也在二〇〇三年被新北市指定為歷史建築物。

「臺陽礦業事務所」位於現在最熱鬧的九份主街徒步約五分鐘的地方，「八番坑」在事務所的後方，江萬水駐在的九份派出所就在事務所附近，而阿鳳每天掃地的路則是「輕便路」，是一九三〇年代我的曾祖父為了從九份運送金礦和煤礦到瑞芳而開的路。電影裡礦工們的住家外牆用煤焦油塗抹，這對我來說也是熟悉的風景，透過這部作品，不難想像九份礦山經歷過的盛衰榮枯。

吳念真導演的父親曾是在九份、金瓜石開採金礦炭坑的礦工，對於童年時代在九份度過的導演來說，這裡就是故鄉。我以前和導演見面時，自我介紹說：「我是顏妙。」他聽了嚇一跳地問道：「是那個顏家嗎？」之後我們兩個人的對話就一直圍繞在顏家和九份上，聊得很起勁。

我站在「八番坑」前拍了張照片，完成任務的坑口刻上

金礦產量曾經位居全臺第一的「八番坑」。

了「明治三十三年」的文字，坑道口外被深綠色的苔蘚覆蓋，樹齡超過一百年的榕樹盤根錯節，坑道裡頭一片黑暗。當時究竟有多少人在這裡進出、過著什麼樣的人生呢？我想開口問，但當然不會有任何回音，人們的記憶似乎永遠隨著這座礦山封閉起來了。

顏家當時也隨著九份的繁榮而發展起來。九份位在新北市的瑞芳區一帶，鄰近的平溪區也是煤炭蘊藏量豐富的地區。

瑞芳區的中心是「瑞芳車站」周邊，因為是前往臺北與宜蘭的中繼站而熱鬧起來，很早以前車站前就開始有商店、菜市場以及美食街。享有高人氣的臺鐵平溪線起點正是瑞芳車站，甚至吸引了不少日本鐵道迷遠道而至。

事實上，這條平溪線是為了開發瑞芳西南方的菁桐坑而開通的，顏家所鋪設的是和瑞芳車站隔一站的「三貂嶺」到「菁桐」這一段，原本是臺灣第一條專門運送煤礦的鐵道「臺陽礦業株式會社石底線」，全長十二·九公里，一九二九年被臺灣總督府收購，改名平溪線。

煤礦開採結束後，這條鐵道一時陷入廢除危機，現在則轉型為一般民眾搭乘的在地鐵路支線，要搭平溪線可以購買區間車票，但要是購買八十元的一日周遊券則不限乘車次數。彩繪過的車廂五彩繽紛，沿著基隆河行駛過翠綠的山谷，還有許多來自中國與香港的遊客。或許是平常習慣搭乘像新幹線這樣的高速列車，久違地坐上緩慢悠閒的列車，對我來說充滿了新鮮感。

看著溪谷的潺潺流水，一路往深綠的山中前進，原本的起點「三貂嶺」車站被蒼鬱的綠樹包圍著，感覺偏僻又荒涼，也沒有乘客在這一站上下車。

列車進站時，鐵道旁的商店彷彿觸手可及，這裡是以農曆春節放天燈聞名的「十分」車站，賣天燈的店家隨處可見，有紅、藍、黃、白、綠等各種顏色的天燈，不同顏色似乎代表著不同意義。

我選了代表夢想實現的「白色」天燈，用毛筆寫上了「健康第一」，站在鐵路旁，熟練的店員還指導著我放天燈的姿勢，隨著他的呼聲把手放開，天燈一下子就往天空飛遠了。我心裡一陣驚呼，立刻拿出相機按下快門，只看到一盞逐漸消失在天際中的渺小天燈，內心頓時感到有些失落。十分車站附近還有一座

「十分瀑布」，被喻為臺灣的尼加瓜拉大瀑布，此外橫跨基隆河的吊橋也是熱門景點。

終點站菁桐車站沿用日治時代的木造站房，瀰漫著復古懷舊的風情。車站附近的坑道、坑口、運出煤炭的漏斗車也都保持原貌，從這些遺跡可以知道這裡曾經是座煤礦小鎮。

車站旁的「菁桐礦業生活館」改建自老舊的臺鐵宿舍，展示著煤礦產業發展的歷史。走進裡面，我看到了許多曾祖父、祖父和公司建築物的照片。

將願望寫在天燈上，然後點燃天燈飛向天際。

從九份到菁桐，全部都和顏家息息相關。我站在鐵路旁，看著延伸而去的鐵軌，搭載著許多遊客的列車行駛而過，但很久以前，鐵軌上應該是一輛輛的煤炭車載著「黑鑽石」來往穿梭吧。也許一直以來見證顏家興盛榮衰的平溪線本身，就是顏家的原點。

二〇一六年的農曆除夕夜晚，我因為想在九份過年而選擇入住民宿。民宿旁有座「頌德公園」，由於公園裡有頌揚我的曾祖父顏雲年的石碑和紀念石柱而得名。這是當地的有志之士為了感念對九份有貢獻的人而興建的，自己的祖先能夠千古流芳，我也感到非常光榮。

位在小丘上的半圓形公園，也是通往九份對面古道的入口，可遠眺山海景致。公園正中央有座高聳的石柱，嵌入由純白色的大理石製成的基座，上面刻的文字磨損得很嚴重，我好不容易找到了祖父顏欽賢的名字，可惜內容難懂。石柱上排列著密密麻麻的金色文字，高處的字跡已經快無法辨識了，我定睛一看，發現了「大正六年」的字樣，推測這座石柱可能是一九一七年設立的。

一旁的石牆上還嵌著一塊刻有「頌德碑」三個大字的石碑，已經漸漸和周

園景物融合，如果不仔細看的話，很容易忽略它的存在。我往石碑看去，恰巧看到一個和爺爺一起來的小女孩，她拿出有顏色的粉筆在石柱下方若無其事地畫了起來。

「那是頌揚我祖先的重要地方啊！」話都已經在喉頭了，卻吐不出半句。

我只好轉而向那位爺爺打招呼。

「雖然不知道這是什麼公園，但我經常帶孫子來玩。」

眼看著孫女畫在顏家石柱上的範圍愈來愈大，我只能苦笑著離開了現場。

紀念曾祖父的公園被保存至今，我心懷感激，可是逐漸被遺忘的事實，也正說明了現在的九份和顏家的關係愈來愈淡薄。

九份的山頂附近有間「新北市立欽賢國民

以祖父顏欽賢的名字命名的「新北市立欽賢國民中學」。

中學」，是祖父顏欽賢捐款興建的學校。聽說現在的學生人數相當少，未來能夠持續多久實在令人擔憂。在九份，和顏家有關的事物似乎都一一消失在臺灣人的記憶裡，我不免因此感到些許落寞。

夕陽餘暉下的九份和白天是完全不一樣的表情，遠方岸邊的漁船燈火點點，很是迷人，散發著浪漫的情調。然而一旦邁入商店集中的街道，應接不暇的顧客卻讓店員的口氣充滿了不耐。

「賣完了」、「快點嘛」、「不知道」。

語氣裡一點也感受不到人情味。和我幾年前來的時候，耐心告訴我九份往事和當時生活的「溫暖」招待截然不同。過日子的人，做生意的人，來觀光的人，三者的關係若失衡，平穩的生活便會出現一些波紋，也許就超出九份這座小鎮所能負荷的程度了。

偶爾我也會聽到九份當地居民的感嘆，認為老房子都被拆掉了，新的店鋪一家接著一家蓋，曾經屬於九份的氣息也逐漸消失了。這樣的事實雖然令人惋

惜，但另一方面我又希望九份的熱鬧景象能夠一直持續下去。顏家受惠於這片土地，而身為顏家後代的我，能不能為九份做些什麼呢？看著日出，我一邊想著。

現在的九份只有一些小型民宿，顏家計劃在不久的將來興建飯店，讓更多觀光客都能輕鬆地在九份逗留，但是九份的土地幾乎沒有建地，要從申請地目變更開始，這樣的程序似乎得花上很長一段時間。即使如此，飯店一旦落成，也意味著顏家和九份將建立起一段新的關係，我相當期待能夠再次共同寫下歷史的新頁。

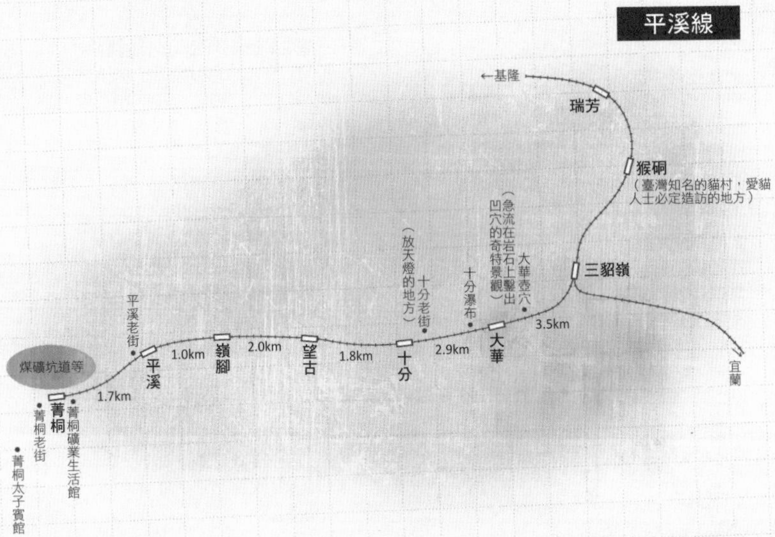
平溪線
基隆
瑞芳
猴硐
（臺灣知名的貓村，愛貓人士必定造訪的地方）
三貂嶺
宜蘭
大華壺穴
（急流在岩石上鑿出凹穴的奇特景觀）
十分瀑布
十分老街
（放天燈的地方）
平溪老街
煤礦坑道等
3.5km
大華
2.9km
十分
1.8km
望古
2.0km
嶺腳
1.0km
平溪
1.7km
菁桐
菁桐老街
菁桐礦業生活館
菁桐太子賓館

九份
100m
臺陽礦業事務所
八番坑
九份派出所
彭園（臺陽公司附設醫院）
豎崎路
昇平戲院
阿妹茶樓
悲情城市
九份茶坊
賴阿婆芋圓
頌德公園
頌德碑
阿柑姨芋圓
九份國小
Go-Walk閒晃
李儀餅店
瑞芳區第十九公墓
福山宮
欽賢國中
汽車路
輕便路
基山街
瑞金公路
九五公路
崙頂路
瑞雙公路

【九份】

■ **九份茶坊**
新北市瑞芳區九份基山街 142 號
☎ 02-24969056
㊢ 9:30 ～ 21:00
http://www.jioufen-teahouse.com.tw
九份第一家茶坊。

■ **阿妹茶樓**
新北市瑞芳區九份市下巷 20 號
☎ 02-24960492
㊢星期日～星期四 8:30 ～ 24:00
　星期五、六 8:30 ～ 2:00
九份少數營業到凌晨的茶館，店內也提供酒類。

■ **頌德公園**
新北市瑞芳區九份輕便路 338 號旁

■ **福山宮**
新北市瑞芳區九份崙頂路 2 號
最初來到九份的移民所蓋的廟，擁有 200 年以上的歷史。

■ **九份國小**
新北市瑞芳區九份崙頂路 145 號
☎ 02-24972263
位於九份主街最高處的小學，視野很好。

■ **賴阿婆芋圓**
新北市瑞芳區九份基山街 143 號
☎ 02-24975245
㊢ 8:00 ～ 20:00
專賣九份特產「芋圓」。

■ **阿柑姨芋圓**
新北市瑞芳區九份豎崎路 5 號
☎ 02-24976505
㊢ 9:00 ～ 20:00 ／星期六 9:00 ～ 22:00
另一家芋圓專賣店。

■ **悲情城市（小上海茶飯館）**
新北市瑞芳區九份豎崎路 35 號 2F
☎ 02-24960852
㊢平日 10:00 ～ 21:00
　星期五、六 10:00 ～ 22:00
電影《悲情城市》的拍攝地，在這裡可以品嚐到傳統的臺灣菜。

■ **彭園（臺陽公司附設醫院）**
新北市瑞芳區九份豎崎路 41 號
☎ 02-24972749（內部參觀採預約制）
約 80 年前九份唯一的綜合診所「彭外科醫院」。

■ **臺陽礦業事務所**
新北市瑞芳區九份豎崎路 54 號
僅供外部參觀。

■ **昇平戲院**
新北市瑞芳區九份輕便路 137 號
☎ 02-24969926
1934 年設立的娛樂設施，供當時的礦夫觀賞戲劇和電影。

■ **Go-Walk 閒晃**
新北市瑞芳區九份基山街 219-4 號
☎ 02-24960002 f
小而美的民宿，早餐是清粥和肉鬆，還有臺灣傳統醬菜。

【平溪】

■ **菁桐礦業生活館**
新北市平溪區菁桐街 117 號
☎ 02-24952749
㊢ 9:30 ～ 17:00　㊡星期一

■ **菁桐太子賓館**
新北市平溪區菁桐街 167 號
原本是顏家的招待所「石底俱樂部」，所有人變更後，如今成了觀光設施。

※ 請參照第 63 頁的地圖。

第二章

宜蘭深度之旅

一起去宜蘭玩吧！

朋友對我說：「一起去宜蘭玩吧！」

我的反應卻是：「宜蘭在哪裡啊？」

二〇〇九年夏天我和朋友在臺北吃火鍋，當時這段對話我至今記憶猶新。

記得那天吃飯時我提到「想去臺北以外的地方走走」，於是朋友提議去宜蘭，不過當時我對宜蘭完全沒有任何概念。但聽說在那裡可以享受舒服的溫泉、大啖生猛海鮮，而且從臺北出發只要四十分鐘車程，於是我被說服了，抱著姑且一試的心情，展開生平第一次的宜蘭之旅。

朋友開車從臺北啟程，過了大約十五分鐘就看到隧道入口前的路牌標示著「雪山隧道　長十二．九公里」，坐在駕駛座的朋友露出得意的表情，向我介紹這是臺灣第一、全球第九的公路隧道。

居然有十二．九公里那麼長啊！東京灣跨海公路的隧道還不到十公里，但行駛在隧道時就已經會因為看不到盡頭而不安了，沒想到臺灣的雪山隧道更長。

如果發生交通事故，可能一整天都會被困在隧道裡吧？萬一發生火災，又該往哪個出口逃生呢？一路上我不停地往壞的方面想，偏偏坐在副駕駛座上只能任由擺布，彷彿永遠都只能在隧道裡繞圈子。

半路上聽到了隧道裡播放的中文廣播：

「雪山隧道廣播，目前隧道內車流量大，請在速限範圍內盡量提高您的車速……」

女廣播員平淡的口吻竟然是催促各位駕駛「加速」，但即使想使勁踩油門，前方卻塞車塞得很嚴重，終究還是無法加速。龜速行駛了大約十分鐘，終於看到了隧道盡頭的曙光，可以鬆一口氣了，但我原本以為出了隧道迎接我們的就是遼闊的大海，結果期待也落空了。

雪山隧道是在二〇〇六年啟用，才剛通車不久，這條隧道貫穿了六處斷層、避開了多處地下湧泉，費時十六年才完成這項困難的工程，施工期間還有多名工作人員殉職。縱貫臺灣南北的中央山脈，是由許多超過三千公尺的高山相連而成，因此東西向的交通相當耗時不便。然而，雪山隧道的完成一口氣拉近了臺北和宜蘭的距離。

一到宜蘭，我們就先去吃「蔥餅」，朋友說：「沒吃過這個，不算來過宜蘭。」一手遞給我小吃攤剛出爐的蔥餅，咬了一口，裡面滿滿都是蔥，原來宜蘭最有名的特產就

是青蔥。這裡的蔥餅比在臺北吃到的更加美味可口，我還貪心地請朋友再幫我多買一個。

當晚我們住在「礁溪老爺酒店」，當時據說是宜蘭最豪華的飯店，我們痛快地泡溫泉、吃海鮮，隔天才回到臺北。第一次的宜蘭行讓我對宜蘭有了初步的印象，但是並沒有朋友口中那種讚嘆不絕的感動。我每次都這樣，一開始總是不為所動，要在一次次的旅行中才會慢慢感受到當地的魅力，而逐漸喜歡上那片土地。

最近，臺北書店裡的宜蘭旅遊書變多了，新聞也經常報導雪山隧道一到週末就會塞車，甚至需要交通管制。對臺北人來說，「宜蘭一日遊」或「週末到宜蘭放鬆一下」的旅遊型態已經成了共識，兼具價格便宜、距離近、時間短的特色，又可以享受旅行、美食與溫泉的樂趣，現在的宜蘭究竟進化成什麼模樣呢？在好奇心的驅使下，我便開始了一段宜蘭深度之旅。

青蔥滿天下——羅東

二〇一四年，我應日本石川縣臺灣華僑總會的陳文筆先生之邀到金澤市演講。陳先生是一位內科醫師，在石川縣七尾市的國立醫療機構七尾醫院擔任診療科主任，對於臺日交流相當熱情，也身兼石川縣臺灣華僑總會的會長。陳文筆先生的夫人林昀菱女士則是宜蘭人。

我和她初次見面時，她就說過「宜蘭是我的故鄉」，我們年齡相仿，很談得來，還會用「妙妙」跟「yoyo」這樣的暱稱稱呼彼此。由於這層淵源，因此這次就由yoyo帶領我探索宜蘭。

答應要把宜蘭所有的優點都跟我分享的yoyo，她的老家是在「羅東鎮」。

臺灣的行政區劃是縣之下有鄉、鎮、市等單位，羅東鎮的面積僅有十一平方公里，人口則有七萬人，以全臺灣的鄉、鎮、市來看，人口密度是最高的。

羅東位於宜蘭市往南約十公里的地方，宜蘭市是縣的行政中心，羅東則處於交通要衝，自古以來就是繁榮的商業重鎮。

歷史悠久的小鎮通常有街道狹窄且蜿蜒曲折的特徵，羅東也不例外。開車抵達後，yoyo立刻帶我到知名的「羅東夜市」參觀。以中山公園為中心，周邊的道路兩旁都有設攤，不到傍晚五點，天色明明還早，但是路上已經擠滿了人潮，熱鬧滾滾。

滿街的服飾、棉花糖、烤香腸、剉冰……看起來和臺灣各地的夜市似乎沒有多大的差別，但我想能夠吸引這麼多人一定有它的理由，穿越人群，yoyo不斷往前走，我們來到了夜市裡最熱鬧的民權路和公園路交叉口。四面八方的排隊人龍絡繹不絕，誰在排哪一攤我都看得眼花了，現場只能用人聲鼎沸來形容。

在這一區有宜蘭知名的「蔥餅」和「卜肉」（豬肉切成條狀後裹麵衣油炸）的小吃攤，yoyo告訴我這裡每次都是這麼多人，接著就熟門熟路地站定排隊的位置，留我在一旁看得目瞪口呆。不一會兒，我也不甘示弱地跑去其他攤位排隊，一一買完之後再彼此交換「戰利品」。

這家蔥餅的外皮很酥脆，裡面包了大量的青蔥，因為剛煎好起鍋的緣故，蔥香四溢，令人垂涎欲滴。至於卜肉則分為原味和紅麴兩種口味，味道沒有太大的差異，只是麵衣都偏甜，像鬆餅那樣，和帶點鹹味且肉質軟嫩的豬肉堪稱絕配，讓我們就像吃零嘴一般，一口接著一口，停不下來。

「妙妙，妳吃看看。」「妙妙，這個也很好吃唷！」

yoyo的熱情款待讓我都快招架不住了。要說日本人和臺灣人的待客之道有什麼不同，我想關鍵差異就在於「多管閒事」的程度，日本人通常是點到為止，而臺灣人往往是火力全開。

因為丈夫陳文筆在日本石川縣七尾市當醫生，所以yoyo也一同赴日生活，儘管過了一段不短的時日，可是日文程度還有待加強。不過，yoyo操著那一口奇妙的日語其實很可愛，也因為她平易近人的個性，所以我們才能認識不久就成為無話不談的好朋友。倒是陳文筆先生的日文出色到近乎完美，夫妻兩人在日文造詣上的不均衡也很有趣。

羅東夜市裡有名的羊肉藥膳鍋「羊舖子」同樣大排長龍，雖然臺灣和日本的民眾都會遵守秩序默默排隊，可是臺灣天氣悶熱，像這樣排隊實在是讓人汗流浹背的一大考驗。

這家藥膳湯裡放的羊肉片份量驚人，也沒有羊騷味，恰到好處的脂肪部位吃起來口感鮮甜，味道溫潤。不知為何大家還會不約而同在這家店另點一盤偏綠色的臭豆腐，我好奇地問了一下，原來是用青汁混合做出來的獨家臭豆腐。於是我也點了一盤嚐鮮，鼓起勇氣吃了幾口，卻發現吃不出青汁的味道，和普通臭豆腐沒有兩樣，不禁有點失望。

此外，把叉燒肉、小香腸、九層塔等串在一起的滷味「一串心」，也是我完全無法理解的組合，不過羅東夜市有很多獨特的小吃，這或許正是它人氣持久不墜的秘訣。唯有來到羅東夜市，才能體會宜蘭在地美味與獨特飲食文化的雙重樂趣吧。

然而，熱鬧的場景背後，也隱藏著各種人情義理的矛盾。

yoyo在我的耳邊透露了一些小道消息：「我跟妳說，那家店啊，原本跟對面那一家是親戚。」臺灣夜市的知名小吃攤似乎都會傳出家族內鬨的問題，或許是經營理念不合，也可能是因為外遇離婚等各種理由，雙方即使分道揚鑣了，其中一方還是會在一定的距離內另起爐灶，若無其事地掛起同樣的招牌繼續做生意。這一點該說是臺灣人臉皮厚或是心胸寬大呢？往另一方面想，像這樣不在乎別人

右／蔥餅的內餡是滿滿的青蔥。

左／羅東夜市裡正在用餐的民眾旁邊站著大排長龍的隊伍。

的眼光，未嘗不是一件好事。

羅東在未開發前是山林地帶，有很多猴子群居，而當地原住民噶瑪蘭族將猴子稱為「rutung」，因此漢人就以讀音相近的「羅東」來表記，沿用至今。當我想到自己此刻置身的熱鬧夜市過去曾經出現大批猴群時，腦海中浮現的滑稽畫面，讓我忍不住一個人噗哧笑了出來。

話說回來，這裡很多小吃攤賣的食物都是使用青蔥，而且每一家都很受歡迎。提起宜蘭，大家都會想到「三星鄉」種植的三星蔥，三星蔥在臺灣可說是家喻戶曉的知名品牌。

我拜託yoyo帶我去看三星蔥，她便立刻聯絡當蔥農的朋友說要帶我去拜訪，這樣的高效率真是讓我感激不已。

其實我很喜歡韭菜、青蔥、蒜頭、辣韭等氣味比較重的蔬菜，還有香菜、九層塔等香草植物，常常不知不覺就吃太多了。像日本的素食就禁止使用蔥、蒜頭等

「五葷」，雖然我也不排斥，但總覺得有點空虛，果然還是大把大把地加蔥或蒜頭調味的臺灣料理比較合我的脾胃。

隔天一大早，我們兩人偕同yoyo的朋友游莉君小姐和林閏齡小姐，四位女性浩浩蕩蕩從羅東鎮往三星鄉出發。雖然她們三位的年齡有段差距，但都是在羅東的日語補習班一起學日文的同學，每當yoyo回到宜蘭時總是會相約出來吃飯，感情很要好。而游小姐的老家就是在三星鄉種蔥的專業農家，於是我們一行人便趁此機會前往參觀。

開車從羅東出發，不到十五分鐘，周遭的景色一下子就轉換成閒適的田園風光，放眼望去，一畝畝青蔥田中座落著幾棟豪華氣派的透天厝，感覺像是來到有錢人住的高級別墅區——難道大家都是以蔥致富的「田僑仔」嗎？過沒多久，我們抵達了其中一棟透天厝，正是游莉君的老家。

屋外有棵大樹，樹下放了一張尺寸適中的石桌，旁邊坐了兩位穿著長筒靴、看來個性爽朗的伯伯。

其中一位是游爸爸，另外一位則是他的朋友。游家從祖父母那一輩開始就在三星鄉種植蔥和蒜頭，游爸爸剛忙完上午的工作，正一手拿著補給飲料在休息，還驚訝地問我：「妳是專程從日本來看蔥的嗎？」接著，我們一行人便向游媽媽請教如何「種青蔥」。

我原本以為種蔥要從播種開始，沒想到人家拿給我的是細短的蔥苗，像小株的分蔥般，我不禁為自己的無知感到汗顏。游媽媽在前面示範動作，首先握著T型的釘子狀工具，在覆蓋好乾稻草梗的田畦上以相同距離間隔挖洞，再一株一株種下蔥苗，我們一邊看著一邊跟在後面練習。

乍看之下是很簡單的工作，但沒想到把土挖出一個洞還挺費力的，而且必須彎著身子，長時間下來真的很辛苦。我沒注意到自己種蔥的姿勢走樣了，結果大家笑成一團。常聽人家說要勝任農家的工作需要體力，親身體驗後，我發現這說法一點也沒錯。

種蔥的工作暫時告一段落之後，還有出貨之前的「洗蔥」作業等著我們呢。簡單搭建的「蔥寮」裡有個大型水槽，水裡已經漂浮著剛剛採收的大量青蔥，這就是洗蔥池。蹲在池邊的人正全神貫注地洗蔥，沖水把泥土洗掉，接著再剝掉蔥葉。我心底暗想，這樣的洗蔥方式比我想像的還要原始，而且似乎很沒效率。但這或許就是所謂的農家作業吧。

把土洗掉、用清水沖乾淨，這一點我可以了解，但是為什麼連看起來能吃的蔥葉也要剝掉呢？原來為了要擺在店裡賣個好價錢，蔥的賣相很重要。看起來最好吃而且討人

最要緊的是裝備，下田前穿上長筒靴、戴上斗笠，我搖身一變成為農婦。

喜歡的叫做「一芯二葉」，也就是一根蔥白兩片蔥葉，為了講求美觀而把多餘的蔥葉剝掉，這些蔥葉只好在水池裡載浮載沉。那些擺在超市裡的美麗蔬菜真正能吃的部分也會為了追求「美觀」而被丟掉，這實在太可惜了。

重要的洗蔥作業和種蔥是不一樣的辛苦，洗蔥池和地面等高，所以必須完全蹲下來。我戴著手套把沾附在蔥上的泥土洗掉，可是手一直泡在水裡感覺很不舒服，只能夠保持笑容在心裡給自己打氣，要自己「再努力一下」。

在我的印象裡，農家老婆婆都

有點彎腰駝背，實際想一想，如果經年累月重複著這樣的工作，長期下來當然會姿勢不良。只是半天的農務就讓我有了深刻的體會，總算多少可以理解農民的辛苦了。

三星蔥類似日本京都所產的九條蔥，是細蔥的一種，在宜蘭採收的青蔥有七成都來自三星鄉。

清朝時期三星鄉被稱為「叭哩沙」，儘管如今蔚藍的天空下山稜線清晰可見，放眼望去是一片綠油油的蔥田和溪流清澈的農村風光，可是據說以前的父母在斥責小孩子不聽話時往往會說：「把你一腳踢到叭哩沙去！」小孩子聽了就會嚇得發抖而停止哭泣，於是三星鄉便成為荒涼地帶的代名詞，誰也不敢接近。

農家體驗結束之後，當然就是盼望已久的用餐時刻了。

想要品嚐美味的青蔥料理，不妨到「三星青蔥文

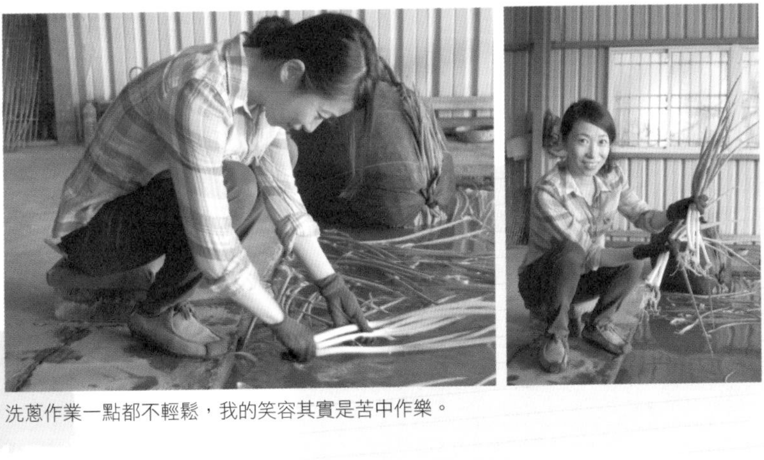

洗蔥作業一點都不輕鬆，我的笑容其實是苦中作樂。

化館」來。二〇一五年十月的日本電視節目《美食不孤單》裡也介紹過這個地方，之後陸續有日本遊客專程搭計程車前來，可說是個小有名氣的觀光景點。

文化館旁還有擬人化的蔥和蒜騎著腳踏車的可愛裝置藝術，館內會介紹蔥的歷史、解說栽培的方式，最裡面則是農特產品展售區，有餅乾、麵條、油、茶等，全部都是青蔥製品，不知味道又是如何。

我在餐廳裡吃了一盤「炒青蔥」，簡單又美味，飯後游小姐買給我們吃的三星蔥冰淇淋也很不賴。經過上午一連串種蔥、洗蔥的作業之後，我不禁對青蔥懷著一份感謝之情，也覺得美味程度加分了不少。

回到羅東之後，我們一行人又跑到可以品嚐許多宜蘭傳統料理的「駿懷舊餐廳」吃晚餐，店內的裝潢概念是以「一九四〇到五〇年代的老臺灣」為主，餐廳裡有柑仔店、傳統的圓桌和古早木飯桶，連細節都很講究，充滿了濃濃的懷舊氣氛。我們點的九道菜一一上桌，她們希望遠從日本來的我可以吃到各種宜蘭料理，真是體貼。

桌上很多食物我都是第一次看到。

其中「鴨賞」甚至好吃到讓我想要帶回日本。這道菜是將蔗燻鴨肉切成薄片，加入三星蔥、辣椒片、醋、砂糖、米酒、香油等涼拌而成。聽說燻鴨是有錢人拜年時才會贈送的高級食材，由於珍貴而難以取得，只有特殊節日才有機會獲得這樣的「犒賞」，因此取名為「鴨賞」。因為是用甘蔗皮和甘蔗燻製的，所以充滿蔗香味，當做開胃菜或下酒菜都很合適，害我手上的筷子從頭到尾不曾停過。

另外，店裡特製的「黑嚕嚕」也非常下飯，乍看黑漆漆的樣子會讓人覺得不好吃，可是一旦嚐過就會發現簡直是人間美味。這是把切細的皮蛋加入絞肉混合，再用醬油燜煮而成的，是改版自麻婆豆腐的創意料理。

同樣出身宜蘭的她們，話匣子一打開就有聊不完的話題。

在「駿懷舊餐廳」可以品嚐到經濟實惠的宜蘭特色菜。

「大吃大喝可以發洩壓力」、「最近工作如何」……只有yoyo現在在日本生活，所以當然免不了彼此分享近況，大家的對話中交雜著臺語和中文，聊得相當起勁。我想，回到故鄉果然還是最讓人放鬆的時刻吧。

原本我還擔心這些份量我們絕對吃不完，沒想到最後全都一掃而空了。我想餐廳的員工看到我們這樣能吃能聊，應該也暗自吃驚吧。

直到隔天早上我的肚子還是很撐，因為當天必須提早離開羅東，所以yoyo還特地騎著機車拿「鴨賞」來為我送別。花了整整一天充分體驗宜蘭的美食魅力，真是不虛此行。

❶羅東夜市

宜蘭縣羅東鎮公園路、民權路

㊖雖然每家店的開店時間不同，但一般是中午過後就會陸續擺攤，傍晚開始逛夜市的人潮便會湧現。

❷駿懷舊餐廳（羅東店）

宜蘭縣羅東鎮純精路 1 段 53 號

☎ 03-9615168

㊖11:00 ～ 14:00/17:00 ～ 22:00　㊡除夕

http://www.eland-chun.com.tw

■ 羅東林業文化園區

宜蘭縣羅東鎮中正北路 118 號

☎ 03-9545114

㊖園區 6:00 ～ 17:00

展示館 9:00 ～ 12:00/14:00 ～ 17:00

㊡展示館 星期一、二，除夕及初一

日治時代從太平山砍伐的木材都會經由森林鐵路被運送到這裡。

■ 三星青蔥文化館

宜蘭縣三星鄉義德村中山路 31 號

☎ 03-9893170（分機 4）

㊖平日 8:00 ～ 17:00

星期六、日、國定假日 9:00 ～ 18:00

㊡除夕及初一

點亮夜空的「搶孤」祭典——頭城

臺灣的春節與中元節等節日都是看農曆，所以各地舉辦民俗祭典的日子，每年都會不太一樣，參加之前一定要事先確認好日期。

像是在宜蘭就有聞名全國的「搶孤」活動。搶孤在臺灣以宜蘭的「頭城」和屏東的「恆春」最負盛名，過去恆春是每三年舉辦一次，頭城則是連續舉辦三年再休息一年，如今兩地幾乎每年都會舉辦。

最初我認錯了漢字，以為這是互相爭奪狐狸的祭典，還問臺灣朋友說搶狐就是捕獵狐狸的競賽嗎？結果鬧了個大笑話。仔細一看，原來不是狐狸的「狐」，而是孤獨的「孤」，真是害我糗到想挖地洞躲起來了。

在日本大正年間到昭和初期，由日本民俗學者所寫的《臺灣風俗誌》（片岡巖著）與《臺灣舊慣冠婚葬祭與年中行事》（鈴木清一郎著）中，都詳細記載了搶孤的由來和意義。

在搭好的棚柱上塗滿牛油，參加者要奮力攀爬，比賽誰最先爬到棧頂取得旗幟。這有點像在沙灘搶旗子（beach flags）的競賽，不同之處在於搶孤是拚命往高處爬。

頭城的搶孤通常是在農曆七月的最後一天舉行，前身是中元節普渡的祭品供給民眾搶奪的廟會活動，是從中國福建省南部（閩南地區）傳過來的習俗。

二〇一五年的頭城搶孤在九月十二日舉行，我從臺北租了車子前往，途中卻被困在車陣裡，都怪我想得太美好了。塞車在臺灣是家常便飯，尤其一到週末，往宜蘭的三線道高速公路其中一線道會變成大型巴士專用道，於是我只能眼睜睜看著好幾輛前往宜蘭的遊覽車從旁邊呼嘯而過，一般車輛卻是龜速前進，甚至發生追撞事故，完全動彈不得。

聽說搶孤從早上六點多就要開始準備了，但正式的搶孤活動則是晚上十一點過後開始，等於要花上一整天的時間。只是我實在沒有從清晨看到深夜的體力，所以傍晚到頭城剛剛好。

頭城鎮位於宜蘭縣的北邊，抵達後可以看到鎮上的「頭城橋」右前方有好幾輛吊車並排，正緩緩吊掛著木柱進行搭設作業，想到這裡就是搶孤的競技場，我的熱血已經開始沸騰了。會場裡有許多攤位，也有人在練習歌仔戲，主舞臺的前面已經擠滿了攝影師架設的三腳架，後方則排列著一張張用來擺祭品的圓桌。

孤棚的基礎是最下面的「孤柱」，使用了十二支約十三公尺高的粗圓木，再塗上一層厚厚的牛油，使柱子滑溜不易攀爬。而中間的「倒翻棚」是長十二公尺、寬七．二公尺的棚架，參加者要先克服下面滑溜的孤柱，再翻身踏上這個棚架。最上面則是由約三十公尺高的竹子編成的圓錐形「孤棧」，看起來就像是玉米點心「金牛角」的形狀。現場有十三座孤棧，可是飄揚在棧頂、代表最受庇護的四方形旗幟「順風旗」卻只有一面，搶孤的規則就是先奪旗的人獲勝，亦即先以鐮刀砍下順風旗的就是最後的優勝者，其他的孤棧則是繫掛白米或肉類等其他祭品。

用吊車架起「搶孤」用的「孤棧」，飄散在天空中的則是獻給亡者的冥紙。（連士傑攝影，交通部觀光局提供）

據說早期漢人來到宜蘭開墾時，和原住民發生過激烈的武力衝突，很多人因此喪生，也有不少人死於傳染病。因此，漢人在宜蘭安居下來之後，為了普渡孤魂、消災解厄，便在最初的開墾地頭城舉辦搶孤活動。至於「頭城」這個地名的由來，正是因為這裡是漢人在宜蘭最初築城開墾的地方。

眼前的孤棚結構總高度超過四十公尺，

如果以公寓樓層來計算，就是超過十層樓的大樓。況且孤棧不是金屬鑄製而是竹子編成的，由於會隨風晃動，因此捆綁作業要非常謹慎確實，參加者也在一旁默默注視。

晚上九點過後，會場裡滿滿的小吃攤飄散出各式各樣的香味，音樂和廣播聲響四起，夜晚的氣氛瞬間改變，成為熱鬧沸騰的慶典，人潮也愈來愈多。

白天還空盪盪的供桌此刻已經擺滿了罐頭、饅頭、米粉等供品，還並排著豬跟羊等祭品。豬的嘴巴含著鳳梨、上頭插著香，背上則擺著一隻雞，架臺下還吊掛著嘴巴一開一闔的鯉魚。我第一次看到這樣的場面，看得目不轉睛，雖然不清楚其中的涵義，但對我來說這就像奇特的藝術裝置般讓我大開眼界。

這項民眾搶奪供品的搶孤活動往往相當激烈，嚴重的話甚至會造成傷亡。事實上，基於安全考量，清朝政府派遣的第一任臺灣巡撫劉銘傳就曾在一八八四年發布命令，宣布暫停搶孤活動。

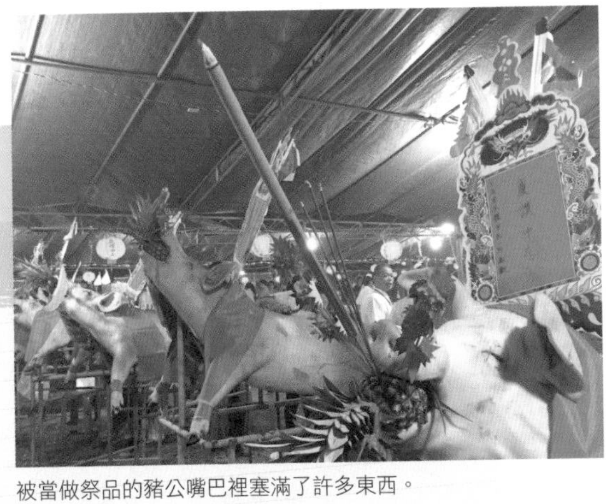

被當做祭品的豬公嘴巴裡塞滿了許多東西。

不過民間卻暗地裡繼續舉辦，大約到了日治時代，搶孤不再是所有民眾都可以參加的活動，而是演變為現在這樣的形式，只有選手才能夠攀爬到高處搶奪祭品。但由於會有人從數十公尺高的孤棧摔落，因此一九四九年搶孤再度被迫中止。直到一九九一年，宜蘭縣政府站在重新了解傳統文化的立場，在參加者鉤扣安全繩的前提之下，相隔四十二年後終於恢復了搶孤的傳統。

漆黑的夜空中只有搶孤的孤棧燈火通明，就像閃閃發亮的神壇。過了十一點，參加者們把圓桌上的供品一一裝入手上的袋子，我想這應該就是兩百年前搶孤的雛型吧。據說活著的人搶奪祭拜完死者的供品，是為了嚇退孤魂野鬼，以免鬼魂作祟。俐落地分解完的豬和雞等祭品也陸續被拿走。

接下來，銅鑼聲響徹會場，伴隨著哨音，場內響起一片歡呼。男子們接連開始攀爬孤柱，五人為一組，今年共有十二組參賽。隊員們首先要協助成員裡身手最敏捷的人抵達中間的倒翻棚，然而孤柱上塗抹了像煤焦油般的牛油，黑得發亮又滑溜不已，根本不好攀爬，不過每位參加者仍舊賣命地往上爬。往年再怎麼厲害的隊伍也要花上幾十分鐘才能抵達倒翻棚，沒想到這次卻有隊伍卻以八分九秒的傲人成績打破了大會紀錄，而且爬上孤柱後又一氣呵成攀爬孤棧砍下順風旗，不到二十分鐘就突破所有難關、順利奪標

——原來搶孤高手近在眼前。

負責轉播實況的女性播報員也興奮到忘我，用臺語連聲道賀，激動地喊著「恭喜」。優勝者是來自宜蘭羅東市的隊伍，如願贏得了獎金二十萬元，即使全身都沾滿了黑漆漆的牛油，整個人看起來卻帥氣十足。

然而隔天早上，我卻在報紙上看到了一則新聞。

原來搶孤當天，吊車司機突然心臟病發猝死，之後又傳出孤棧倒塌的事故，在祭典上發生這樣的悲劇，實在讓人覺得不太吉利，聽說主辦單位當時一度考慮中止搶孤活

動，但是傳言不辦搶孤的那一年會發生厄運，因此最後還是決定繼續進行。

在往昔漁業盛行的宜蘭，人們相信只要把搶孤奪得的「順風旗」插在船上，神明就會保佑航海安全與漁獲豐收。時至今日，雖然成功奪旗仍舊是人們重要的目標，但透過搶孤這項祭典活動加深和地方的關係、重新認識在地的歷史，意義更為重大。在臺灣似乎曾經有人建議把搶孤列為國家無形文化資產，身為臺灣傳統文化之一，搶孤既緊張又刺激，我也希望能夠一直持續下去。

除了搶孤，我還想介紹頭城附近知名的「礁溪溫泉」。在臺灣，天然溫泉大多位在山區，像這樣的平地溫泉可說相當罕見。而且礁溪車站前不但有泡腳池可以泡腳，兩旁還有交通工具的出租店，汽車、機車、腳踏車，應有盡有。

此外這裡的飯店和旅館很多，多到會讓人猶豫不決，從附設溫泉池的高級飯店到價格實惠的民宿，可以滿足旅客各式各樣的需求。

除了住宿設施之外，「礁溪溫泉公園」裡也有可以全裸泡湯的露天浴池，可以一邊享受森林浴，一邊泡溫泉。至於比較新的「湯圍溝溫泉公園」則整體偏向日本風格，這裡原本就有湧泉流經，最初是把泉水引流到男性專用的公共浴池，後來則新設了男女分開的檜木浴池，聽說當地民眾經常到這裡泡溫泉。

蘭陽博物館的外觀設計獨樹一幟。

礁溪溫泉這一帶有很多餐飲店，可說是很方便的溫泉鄉，不過受到雪山隧道的挖掘工程和飯店違規亂蓋的影響，溫泉的湧水量減少，甚至有人憂心地指出，礁溪在不久的將來可能面臨水源枯竭的危機。這裡的碳酸氫鈉泉富含礦物質，可以滋潤肌膚，所以又被稱為美人湯——這麼說來，我只能努力祈禱礁溪的溫泉源源不絕，永不乾枯了。

如果來到了頭城，我也非常推薦各位到「蘭陽博物館」走走。

溼地旁的平原上橫躺著一座巨大的水泥建築物，看起來像極了變形的金字塔，一整片玻璃可以眺望窗外景色，凸出地面的三角形看起來就像一座山，堪稱是嶄新又前衛的建築設計。這棟蘭陽博物館是出自知名建築師姚仁喜之手，他的作品有臺北的「寒舍艾美酒店」和故宮的餐廳「故宮晶華」，聽說有不少國內外遊客到宜蘭來就是為了參觀這棟建築物。

這棟博物館從籌備階段到開放參觀共費時十八年，不同樓層有不同的主題，分別是山之層、平原層、海之層，完整介紹了宜蘭這片土地的歷史和文化，內容相當充實。即使對歷史不感興趣，光是欣賞博物館的建築和周邊風景，就已經是一大享受。

興建博物館的這一帶曾經是「烏石港」的所在地。烏石港於一八六二年開港，是宜蘭最大的港灣，發揮了重要的功能。由於港內有三塊巨大的黑色礁石（烏石礁），因而取名為烏石港。這些烏石礁遺址目前就靜靜佇立在博物館占地內的溼地裡。

現在博物館北邊有座觀光漁港叫「烏石漁港」，那裡不但有一整排的海鮮餐廳，還有鮮魚店和遊艇港。鮮魚店販賣的是漁民自己的漁船所捕獲的新鮮魚蝦和貝類，店員們正在大聲吆喝，招攬著路過的遊客，就像築地場外市場那麼熱鬧。此外還可以當場請店家料理、在店裡享用，這是臺灣漁港的優點之一，牆上的菜單還會在魚的名稱前後註明「炒」、「生」、「湯」等調理方法，做為遊客挑魚時的參考依據，非常貼心。

選了喜歡的食材之後，我提著海鮮前往附近合作的餐廳，請師傅幫我把整尾龍蝦料理成生魚片和味噌湯，大飽口福。

❶烏石漁港

宜蘭縣頭城鎮港口路 15-7 號

☎ 03-9789078

㊫ 8:00 ～ 21:00

❷蘭陽博物館

宜蘭縣頭城鎮青雲路 3 段 750 號

☎ 03-9779700

㊫ 9:00 ～ 17:00

㊡ 星期三、除夕及初一

http://www.lym.gov.tw

❸礁溪溫泉公園

宜蘭縣礁溪鄉公園路 16 號

☎ 03-9872998

㊫公園 24 小時開放

森林風呂 9:00 ～ 22:00

❹湯圍溝溫泉公園

宜蘭縣礁溪鄉德陽路 99-11 號

☎ 03-9874882

㊫公園 24 小時開放

公共浴池 7:00 ～ 12:30/ 13:00 ～ 23:00

（星期五～星期日開放至 24:00）

http://mmweb.tw/31448/

■ **捷絲旅宜蘭礁溪館**

宜蘭縣礁溪鄉德陽路 24 巷 8 號

☎ 03-9102000

http://www.justsleep.com.tw/Jiaoxi/zh

■ **礁溪老爺酒店**

宜蘭縣礁溪鄉大忠村五峰路 69 號

☎ 03-9886288

http://www.hotelroyal.com.tw/chiaohsi/

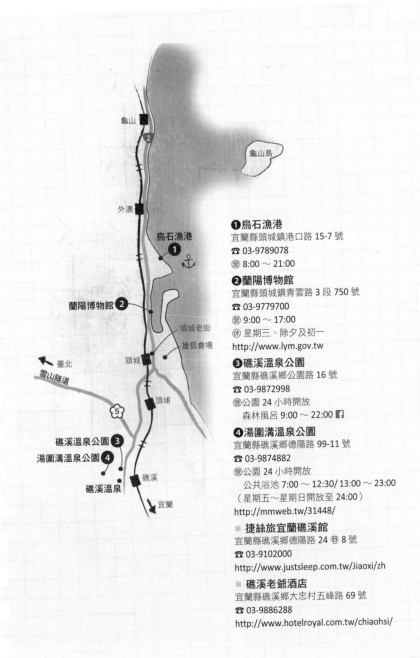

幾米公園、宜蘭四寶——宜蘭市

雖然宜蘭縣政府位在宜蘭市，可是宜蘭市本身並不大，主要的觀光景點約莫在方圓一公里的範圍內，給人一種小而美的感覺。

至於宜蘭市的地標，當然就是全臺第一座童話風車站建築——聞名遐邇的宜蘭車站。這項彩繪宜蘭車站的計畫是縣政府與宜蘭出生的超人氣繪本作家幾米共同合作的，以溫暖療癒的畫風吸引廣大讀者的幾米將車站改頭換面，屋頂上的長頸鹿就像是栩栩如生的立體繪本。

即使沒聽過幾米的名字，許多人也一定曾在某個地方看過他的作品。他的繪本除了在臺灣暢銷，也在日本、中國、法國、德國等全球

宜蘭車站被幾米溫暖療癒的畫風包覆著。

十三個國家翻譯出版，其中《向左走．向右走》和《星空》等作品甚至被改編成電影。車站前廣場吊掛著《星空》裡出現過的星空號火車，商店林立，此外也有跳蚤市場。

公園內四處可見幾米繪本裡出現的行李箱和人物。

步出宜蘭車站往左走，馬上可以看到舊鐵路宿舍群和幾米廣場。眼前色彩繽紛的行李箱和等身大的繪本主角像在迎接遊客的到來，廣場上到處都是興致勃勃地和繪本角色一起拍照的人群。

不論男女老少，大家都愛不釋手的幾米繪本，其實誕生自一個偶然的契機。一九五八年出生的幾米本來是插畫家，可是四十歲時罹患了急性骨髓性白血病，整整三年都在和病魔搏鬥。在備受煎熬的治療過程中，他對生命有了深刻的體悟，想透過自己的文章和繪本，把潛藏在人類心靈深處的悲傷、孤獨和希望表現出來。

他的畫風不只吸引小朋友，連大人也會產生共鳴，而且可以樂在其中，因此深受世界各地許多讀者的喜愛。就算沒有看過繪本，有機會也不妨親自到宜蘭體驗一下幾米的魅力。

至於車站的右側則是鐵路舊倉庫群。這裡曾經是存放貨物的集散地，也有很多商人來往穿梭。只是繁華落盡後，只留下擁有近百年歷史的建築物，現在則改造為二手書店兼咖啡館「舊書櫃」。

一走進裡面，我就被眼前豐富的藏書嚇了一跳。從英文書、食譜、旅遊書、寫真集到參考用書等應有盡有，雖然略顯雜亂，卻剛好符合舊倉庫的空間品味，許多年輕人或悠閒地挑著書，或愉快地享用輕食，真令人羨慕！

除了車站前的景點，「南門林園」內的「宜蘭文學館」和「宜蘭設治紀念館」也值得造訪。南門林園裡有著樹齡超過百年的檜木和榕樹，是宜蘭市內唯一近乎完整保存日治時代原貌的珍貴空間。

「宜蘭文學館」是由宜蘭農林學校的校長宿舍改建而成，瓦片屋頂的木造平房屬於純和風的日式建築，至今已有近百年的歷史，裡面擺放著和宜蘭有鄉土之緣的作家著作和鄉土文學叢書，還附設咖啡廳，可以點杯飲料悠閒地看書。這裡也是金城武拍攝中華電信廣告的地點，廣告中，金城武在文學館內放唱片、看書、寫信，遊客也可以學他坐在榻榻米房間或鋪了木地板的地方小憩。

另一棟日治時代的建築物是採日本與西洋折衷樣式的「宜蘭設治紀念館」，興建於一九〇六年，是當時宜蘭行政長官的官邸，枯山水庭園占地超過八百坪，相當氣派，歷年來有二十多位高官曾居住在這裡。館內還介紹了包含日治時代在內的兩百年宜蘭史，是深入認識宜蘭這片土地的絕佳窗口。

宜蘭市區的中山路三段是有名的美食集散地，其中有家愛玉老店「三十年老店檸檬愛玉」，招牌是「檸檬愛玉」和「百香果多多」，我各買了一杯喝看看，檸檬愛玉的味道普通，反而是口味新奇的百香果多多比較受我青睞。

飲料攤隔壁有家「十六崁瓜仔雞麵」，我在這裡點了一碗意麵，這家店用的平打寬麵彈性十足，上頭是燉煮得入口即化的雞肉，加上些許醃黃瓜提升鹹度，這樣的口味在其他地方很少吃到。

對面的咖啡店「合盛太平」則是改裝

老字號的愛玉店「30年老店檸檬愛玉」。

由1930年興建的診所改造而成的「合盛太平」，散發出濃濃的懷舊氛圍。

自一九三〇年興建的診所。櫃檯和候診室都保留了原貌，至今還感受得到醫院的氛圍，也因為金城武曾在這裡拍廣告而造成話題。

另一道有名的宜蘭小吃叫做「蒜味肉羹」，是將醃製好的豬肉切塊調味，再裹上用新鮮魚漿和太白粉混合的麵衣，接著下鍋燙熟。至於羹湯則是在熬肉湯內放入蒜末和香菇，和肉羹均勻攪拌後，綿密濃稠的蒜味肉羹就大功告成了。

除了單點肉羹，想吃飽一點的人更可以加點麵或冬粉，喜歡蒜味的人絕對不能錯過，蒜頭的香味和甜美的肉汁在口中迸散開來，肯定會讓你上癮。

最後，我要介紹的是被稱為「宜蘭四寶」的宜蘭特產——鴨賞、膽肝、宜蘭蜜餞和蘇澳羊羹。

鴨賞是以甘蔗燻製的鴨肉，可以依喜好用蔥、蒜頭、辣椒、醋等調味，宜蘭人的吃法是當下酒菜或開胃菜。膽肝是將豬肝浸在香料調製的醬汁裡醃漬後曝曬而成，口感滑嫩，很像中式的肝醬，是小酌的最佳良伴。

蜜餞則是將水果用砂糖醃漬後乾燥保存的食品，在宜蘭尤以金棗蜜餞最有名，在蜜餞鋪裡細看，顏色從黑色、黃褐色到金黃色都有，相當多樣。可惜我不太敢吃金棗，也沒看到喜歡的加工產品，後來只好作罷。而最後一道蘇澳羊羹則產自宜蘭市東南方的蘇澳，是使用有名的碳酸冷泉製成的羊羹，「聽說」吃起來滑嫩可口，頗受好評。會用「聽說」兩個字，是因為比起金棗，我對羊羹更是充滿了恐懼，連試吃的勇氣也沒有，只能夠介紹一下別人吃過的感想。但話說回來，鴨賞和膽肝這兩樣我可是拍胸脯真心推薦喔！

放了許多蒜末的濃稠羹湯上浮著肉羹的「蒜末肉羹」。

❶幾米廣場
宜蘭市宜興路 1 段 240 號

❷舊書櫃
宜蘭市宜興路 1 段 280 號
☎ 0922-224-810
(營) 11:00 ～ 21:30
(休) 星期二 f

❸宜蘭文學館
宜蘭市舊城南路縣府 2 巷 19 號
☎ 03-9324349
(營) 9:00 ～ 17:00　(休) 星期一、除夕
http://literature.ilccb.gov.tw

❹宜蘭設治紀念館
宜蘭市舊城南路力行 3 巷 3 號
☎ 03-9326664
(營) 9:00 ～ 17:00
(休) 星期一、每月最後一天及農曆春節
http://memorial.e-land.gov.tw/

❺30年老店檸檬愛玉
宜蘭市中山路 3 段 156 號
☎ 03-9358698
(營)平日 13:00 ～ 19:00
星期六、日 10:00 ～ 19:00　(休) 星期三

❻十六崁瓜仔雞麵
宜蘭市中山路 3 段 154 號
☎ 03-9364797
(營) 10:30 ～ 24:00　(休) 星期三

❼合盛太平
宜蘭市中山路 3 段 145 號
☎ 03-9360060
(營) 10:30 ～ 19:30
(休) 每月第三個星期三 f

❽傳承蒜味肉羹
宜蘭市舊城北路 148 號
☎ 03-9332428
(營) 9:00 ～ 20:00　(休) 星期三
http://www.039332428.com.tw/

■ **順德蜜餞臘味**
宜蘭市光復路 53 號
☎ 03-9322722
(營) 8:00 ～ 21:30
http://www.s-d.com.tw/
可以在這家老店一併買齊鴨賞和膽肝等宜蘭特產。

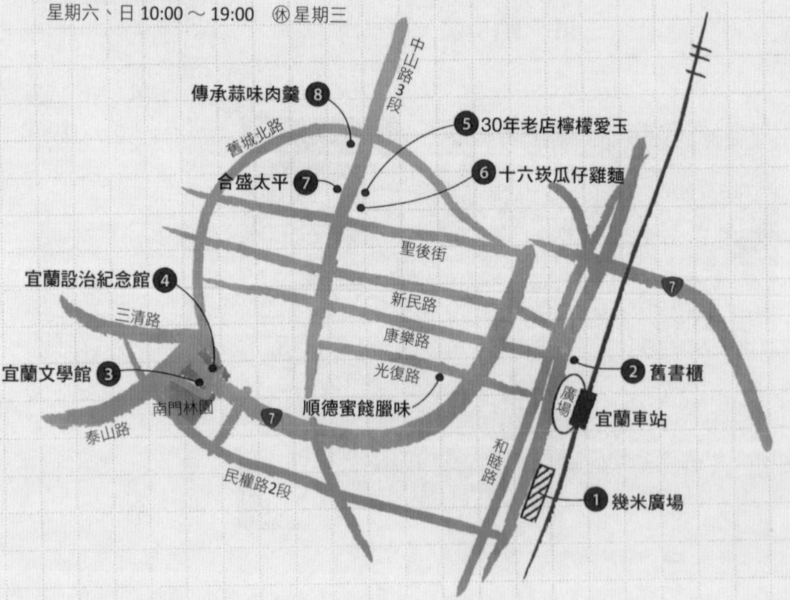

泡個冷泉清涼一夏——蘇澳

顏家的公司位在臺北，由我的曾祖父傳承到我的父親這一代，身為長子的父親過世後，現在則是由排行第六的叔父接任董事長一職，繼續經營公司。因為我名義上擔任董事，所以每年至少要到公司出席一次董事會議。

親戚們聚在一起，自然會聊起往事和家人的近況等，氣氛往往相當熱絡。幾年前回臺灣開會時，我意外得知顏家過去曾在宜蘭的蘇澳經營「蘇澳造船股份有限公司」。

提起蘇澳，大多數人立即會聯想到有名的「冷泉」。一進入宜蘭南部的蘇澳，就會發現大卡車開始變多，從市區裡寬闊的道路開往前方的高速公路時，一路上已經出現壅塞情形。這裡是「蘇花公路」的起點，道路比我想的還要狹窄，不顯眼的路口很容易不小心就開過頭，所以要特別留意。其實這是縱貫臺灣東部的省道「臺九線」的其中一段，由於全長約一百公里的路段連結了蘇澳和花蓮市，因此稱為「蘇花公路」。

從臺北或基隆要到蘇澳有三條路線，可是從蘇澳要再往南走，就只有一條蘇花公路，因為中央山脈和海岸山脈相互重疊，幾乎沒有平地，只能夠勉強沿著海岸開拓出一條路。

難得到了這裡，我於是先在蘇花公路兜兜風，再往比蘇澳更南邊的南澳前進。

南澳是許多泰雅族居住的地方，部落的最深處是天主堂，而附近有個廣場，往高處走會看到一百多階的階梯往斜坡延伸，頂端就是南澳神社的所在地。

依據《臺灣神社誌》（臺灣神社社務所編）等記載，在日治時代末期推行的皇民化運動中，有一項政策是「一街一庄一神社」，即便鄉下地方也都要興建神社。

我看到一位像是體育系學生的年輕人一邊揮灑著汗水，一邊爬樓梯做訓練，大概是因為鮮少有外人會到這裡來吧，那位青年不時一臉納悶地望向我。最頂端沒有任何社殿，本殿的地基也完全被夷為平地，但至少還可以看到部分的石牆，於是我拿出相機準備要拍照，這時在附近做訓練的青年卻神色慌張地告訴我：

「盡量不要在這裡拍照比較好。」

我愣了一下，那位青年用充滿歉意的口吻繼續說道：

「這後面有一大片墳墓，因為日治時代部落裡有很多人在這個神社被日本人處決，所以還是不要拍照比較好。」

也許因為他是當地人，所以一直以來有這樣的迷信，可是我本身不太相信怪力亂神，所以毫不忌諱地不斷按下快門。

回到日本之後，整理照片檔案時，卻發現沒有半張在這個神社拍的照片。但我當時明明按下了快門啊，如今卻怎麼找也找不到。理科出身又是現實主義者的我，雖然不相信超自然現象或靈異事件，卻又無法合理解釋自己的親身經歷，完全摸不著頭緒。之後，我就盡量避免想起那座神社的事情。

在從南澳往東澳的途中會經過一處水溫十四到十六度的冷泉「東岳湧泉」，這裡的水溫比平均二十二度的蘇澳冷泉還低，在酷暑難耐的夏天，清澈見底的天然湧泉就成了最受歡迎的戲水景點。

這是一九九〇年代建設鐵路時偶然挖掘到的泉脈。長方形的水池裡，泉水就像溪流般湧入，上段的水深較淺，下段則是稍微深了一些。我造訪時約莫是九月上旬的午後，有情侶把腳浸在池裡一邊享受便當，也有小孩子拿著玩具水槍互相射擊。

我索性也把褲管捲到膝蓋，將腳伸入池裡。雖然泉水比我想像的還要冰涼，但是看著四面環山的風景，以及從高架鐵路上疾駛而過的電車，讓我深深覺得這樣的天然泉池令人身心舒暢。果然，光是泡腳還不過癮，我跑到車上拿準備好的泳衣，換上之後把全身浸泡在水裡，充分享受了冷泉的樂趣。

一路上遊山玩水之後，我終於抵達了蘇澳。自古以來日本就有所謂的「宿場町」，最初是旅人跋山涉水時的中途休息站，而後繁榮起來，臺灣的蘇澳正扮演著類似的角色，雖然有鐵路通行，但現在已經沒有以往那麼熱鬧了。不過「蘇澳冷泉」可是世界上非常稀有的碳酸冷泉之一，在臺灣是遠近馳名的觀光景點。

清涼的「蘇澳冷泉」最適合酷熱的臺灣。

因為蘇澳冷泉不適合魚類棲息，又會冒出不明的泡泡，因此以前被誤以為是「毒水」，沒有人敢接近。直到日治時代，日本軍人竹中信景偶然喝下泉水，發現滋味略帶甘甜，喝起來非常爽口，精神更是為之一振。對這裡的泉水產生興趣的竹中信景，退伍後就和家人一起移居蘇澳，開始研究蘇澳冷泉。

竹中證明了蘇澳冷泉為碳酸冷泉，不只無毒，對腸胃不適或皮膚病等也都很有效，後來甚至成功研發出「碳酸水」。此後，蘇澳的冒泡冷泉和彈珠汽水名聲遠播，竹中信景也被譽為「冷泉之父」。

「東京臺灣之會」是在東京成立、以臺灣出生的日本人「灣生」為中心的組織。我透過這個單位找到了竹中信景的孫女竹中信子女士，並且和她見了面。她出生在蘇澳，十五歲時因戰爭結束而被遣返回日本，自此埋首於臺灣史研究，著有《日治臺灣生活史：日本女人在臺灣》。此外她也在電影《灣生回家》裡登場，明白表示自己的故鄉在臺灣宜蘭。

蘇澳冷泉的位置在蘇澳中心的「冷泉公園」，泉水完全沒有溫泉區特有的氣味和溫潤感，乍看會以為是普通的水，可是一把身體浸下去，感覺就不同了。我最初覺得二十二度的水溫太冷，可是待了一會兒，身邊就聚集了氣泡，全身也開始覺得暖和。

在盛夏的臺灣，沒有什麼溫泉比得上蘇澳冷泉。

我走到公園外面，看到攤販賣的「彈珠汽水」似乎很受歡迎，於是也買了一瓶來喝。打開瓶蓋、把彈珠往下壓，聽到彈珠匡啷一聲往下沉，喝上一口，氣泡在嘴裡散開，真是令人懷念的味道。冷泉配上彈珠汽水，讓人徹底透心涼。

公園附近有市場和小吃店，但如果想要吃現撈的海鮮，建議各位到「南方澳」漁港去。南方澳是東海岸最大的漁港，美味的海鮮餐廳彷彿環繞著漁港般林立，在這裡可以

我很喜歡從「南天宮」樓上遠眺南方澳的風景，可以看到一艘艘漁船停泊在港口。

大啖曼波魚生魚片，真是美味極了。

漁港的中心有座「南天宮」，從樓上往外眺望整座漁港，景色美不勝收，以東海岸來說，大概可以列為我心目中的前三名吧！南天宮供奉的是保佑航海安全的金身媽祖，神像高一百九十八公分，由重達兩百公斤的純金打造，相當有名。金光閃閃的媽祖神像給人至高無上的神聖感，我不禁雙手合十，祈求媽祖「讓我衣食無虞」。

蘇澳也是臺灣造船業最初發展的地方。

日治時代的一九三七年，擁有全臺一流造船技術的川崎造船廠和福島造船廠在南方澳設廠，開始生產動力漁船。戰後，政府推出遠洋漁業的獎勵措施，帶動造船業蓬勃發展。一九七〇年代是臺灣漁業的全盛時期，訂單接踵而至，即使二十四小時熬夜加工也來不及出貨。二十世紀末，臺灣最大的漁船和臺灣第一艘鋁合金巡防艦也是在這個港口製造的。

我來蘇澳最大的目的，是想要了解顏家曾經經營的「蘇澳造船股份有限公司」的後續情況，可是卻找不到任何線索。

之後我把這件事情告訴叔父，他笑著說：「那間公司很早以前就倒閉了。」他拿出公司的八十週年紀念冊《臺陽公司八十年志》給我看，根據書裡的記載，顏家在一九四三年買收、合併蘇澳的四間小型造船所和兩間鋼鐵廠，成立了新的造船公司「蘇澳造船股份有限公司」。造船所面向南方澳漁港，聽說是當時臺灣三大造船所之一，可見其規模之龐大。一九七六年，工廠的產能達到一年製造二十艘四千噸的鋼船，甚至還能製造兩千噸的木造船，相當可觀。一九七八年以後，伴隨著養殖漁業的進步，遠洋漁業反而逐漸衰退，公司的經營也不斷惡化，到了一九九〇年，終於只能賣掉公司。

從南天宮遠眺的南方澳港口，曾經滿滿都是我祖父的公司所製造的漁船，不知當時在金身媽祖的眼裡，又是映照著什麼樣的風景呢？

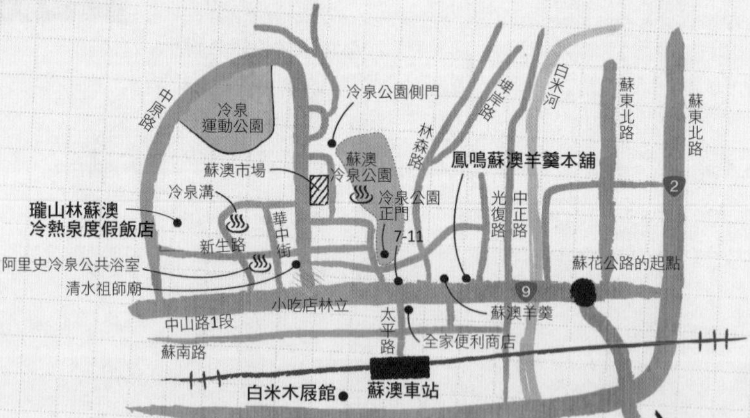

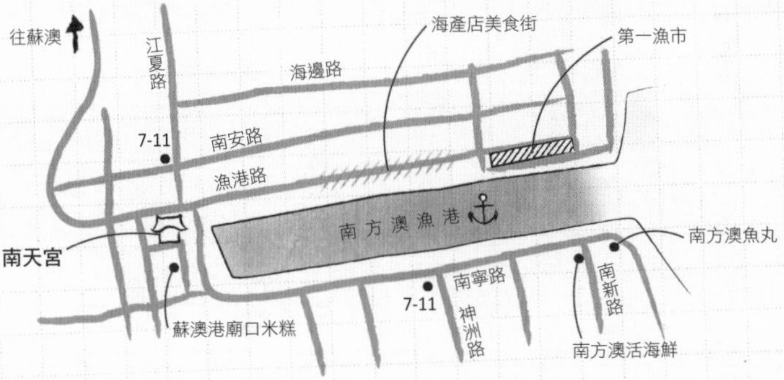

■ **東岳湧泉**
宜蘭縣南澳鄉東岳村 81 巷

■ **蘇澳冷泉**
宜蘭縣蘇澳鎮冷泉路 6-4 號
☎ 03-9960645
㊢ 9:00 ～ 21:00　㊡除夕

■ **白米木屐館**
宜蘭縣蘇澳鎮永春路 174 號
☎ 03-9952653
㊢ 8:30 ～ 12:00/13:00 ～ 17:00
（最晚入場時間 16:30）
㊡星期三
木屐博物館。白米村是臺灣最大的傳統木屐產地，以此聞名。

■ **鳳鳴蘇澳羊羹本舖**
宜蘭縣蘇澳鎮中山路 1 段 18 號
☎ 03-9962326
㊢ 8:30 ～ 20:30
日治時代的日本人使用蘇澳冷泉製作羊羹而起家的百年老店。

■ **瓏山林蘇澳冷熱泉度假飯店**
宜蘭縣蘇澳鎮中原路 301 號
☎ 03-9966666
蘇澳鎮上設施最完善的高級飯店，也是全臺唯一同時擁有冷泉與溫泉的飯店。

■ **南天宮**
宜蘭縣蘇澳鎮江夏路 17 號
☎ 03-9962726
㊢ 5:30 ～ 21:00

「百年民主」的聖地

宜蘭不只是有名的觀光勝地，它還有另一個面貌，就是臺灣的「民主聖地」。

日本的民主主義並非是自己爭取來的，儘管明治維新之後日本導入了議會制度，但戰爭時期卻遭到軍方的蹂躪，戰後的民主主義其實是來自美國的禮物。

但是，臺灣的民主卻是透過抗爭贏來的。日治時代的臺灣人對日本的不平等支配充滿了疑問，因而展開了提升臺灣人權利和要求自治的民族運動，運動的核心人物就是宜蘭出身的蔣渭水。

蔣渭水年幼時在私塾接受漢文教育，受到漢文化的薰陶，對漢人的身分產生了強烈的認同。當中國爆發辛亥革命、要群起打倒腐敗的清朝時，年輕的蔣渭水也受到了影響，認為「要救臺灣，非先從救祖國（中國）著手不可」，他秉持著這樣的理念積極支持革命運動。

大學畢業後，蔣渭水一邊開設醫院行醫，一邊經營酒館。

一九二一年，他以文化啟蒙為目的成立了「臺灣文化協會」，也極為熱衷投身議會設置請願運動，擅長演講的他迅速網羅了民心，被總督府視為危險人物而嚴加戒備。當裕仁皇太子巡幸臺灣時，他甚至強行進行政治請願，要求設置議會，最後成為第一位臺灣人政治犯，之後也遭羅織各式各樣的罪名而投獄，但是他毫不氣餒，持續推行運動。

在他四十歲正值壯年時，卻因為風寒而病逝，民眾自發性地號召起來參加喪禮，多達五千人集結在一起哀悼他的英年早逝，當時的場面之盛大，直到現在都為後世所流傳。

蔣渭水有許多創舉，像是設立臺灣第一個文化組織「臺灣文化協會」、成立臺灣第一個現代政黨「臺灣民眾黨」、創設臺灣第一個勞工組合「臺灣工友總聯盟」等。

二〇一五年，長年葬在臺北的蔣渭水遺骨終於回到了故鄉宜蘭，他的墓園位於礁溪鄉的櫻花陵園內，取名為「渭水之丘」，許多民眾會專程到此祭拜。從臺北到宜蘭會經過的交通要道「雪山隧道」也被稱為「蔣渭水高速公路」，雪山隧道的宜蘭出口附近還設立了巨大的「蔣渭水紀念碑」，在百年前就開始爭取臺灣民主的開拓者，他的精神今日依然健在，並沒有隨著時間風化，而被傳承至今。

壯志未酬身先死，可是蔣渭水的不朽精神永留人世。一九〇八年出生、同樣身為宜

蓋在高速公路旁巨大的蔣渭水紀念碑。

蘭人的郭雨新是蔣渭水的親戚，他在年幼時期也受到漢學的薰陶，後來更繼承了蔣渭水的民主理念。

郭雨新以第一名考進宜蘭農林學校（現在的宜蘭大學），其後更以優異的成績畢業，之後就讀臺北帝國大學農林專門部時所寫的論文〈臺灣磧地金的相關研究〉，探討佃農繳交磧地金（租種農地的保證金）制度的議題，至今仍是研究臺灣農業的珍貴資料。

畢業後不久，他因為不滿日本人的統治而前往中國大陸經商，但是在中國生活了七年後，卻重新體認到自己的祖國在臺灣。於是隨著戰爭結束，他也回到了臺灣，在一九四九年獲遴選擔任臺灣省議會議員。其實我的祖父顏欽賢在同一個時期也擔任省議員，我聽說他與郭雨新先生彼此認識。

郭雨新當了二十五年的省議員，為農民、漁民、老兵爭取了許多權益，站在人民立場，處處為民著想，被譽為「宜蘭的拿破崙」。當時國民黨在臺灣擁有壓倒性的勢力，郭雨新卻站在黨外的立場，代表臺灣真正的民意而備受尊敬。

當時，臺灣選舉長年來用錢買票的賄選惡習氾濫，郭雨新卻不靠賄選而連任，奠定了清廉的形象。他在一九七五年參選立法委員選舉時，原本應該以十萬票以上的最高票數當選，卻因為國民黨暗地裡動手腳而使得他落選。

競選失敗讓郭雨新跌入低潮的谷底，他因而選擇赴美，反而凝聚了對抗國民黨的海外勢力，黨外民主運動的聲勢也日益高漲。當時在黨外活躍的人物，也包括了同樣是宜蘭出生、之後成為民主進步黨創黨元老之一的林義雄。

林義雄在一九四一年出生於宜蘭，從臺灣大學的法律系畢業後成為律師，當同鄉的郭雨

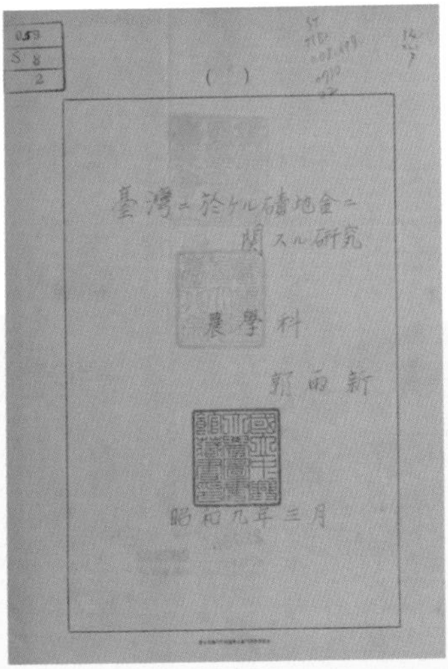

新競選立委時，他則擔任選舉團隊的法律顧問。

他針對國民黨明確妨礙選舉的行為，向對手候選人提起當選無效的訴訟，但是在當時一黨專制下的臺灣當然敗訴了。郭雨新赴美之後，林義雄繼承他的地盤，於一九七七年當選宜蘭省縣議會議員。

林義雄不但提倡民主、向政府要求使用閩南語的權利，同時也是政論雜誌《美麗島》的創刊者之一。一九七九年十二月十日，《美麗島》雜誌配合世界人權日，在高雄發動大規模的示威活動，卻因此爆發了眾多黨外運動人士遭到逮捕的「美麗島事件」。

林義雄本人也遭到逮捕且被起訴。一九八〇年二月二十八日召開第一次軍事法庭時，他六十歲的母親和三名女兒中的七歲雙胞胎竟在臺北家裡遭到殘忍殺害，長女則受到重傷。和過去在臺灣發生的二二八事件同樣是在二月二十八日，大家紛紛臆測這是報復林義雄涉足的黨外運動。嫌犯至今逍遙法外，「林宅血案」的真相到現在還未能水落石出。

發生慘案的林宅現在成了教會，離我小時候住的臺北的家走路約三分鐘。事件發生當時，我應該也在家裡，可是卻完全不知情。

之後，林義雄被判處十二年的有期徒刑，而妻子和奇蹟般活下來的長女則一同赴美。一九八四年他因獲得減刑假釋出獄，前往美國待了幾年後，於一九八九年回到臺灣，發表《臺灣共和國基本法草案》，並透過絕食等非暴力手段推動民主運動。一九九〇年，李登輝前總統特赦在美麗島事件中遭到逮捕的運動人士，也正式宣布林義雄的罪刑無效。一九九一年，林義雄捐出大部分的家產成立了「慈林文教基金會」，一九九四年也在宜蘭老家成立「慈林文教中心」，作育英才，致力培養對政治教育和社會有貢獻的人才。他甚至在一九九八年把老家改建為「慈林紀念館」，設立「臺灣民主運動館」和「臺灣社會運動史料中心」。

他組織遊行活動要求總統直接選舉，在擔任黨主席的二〇〇〇年，也就是民進黨創立十四週年時，終於實現了臺灣第一次的政黨輪替。但他卻因為和黨內的意見分歧，最終於二〇〇六年退出民進黨。二〇一四年，他又因反對興建核能發電廠而進行無限期的絕食抗議，迫使當時的馬英九政府決定停工。

不管在什麼狀況下，林義雄都能夠堅持信念、持續活動，他的高尚品格更被讚譽為「人格者」與「聖人」。即使是現在，他的一舉一動依然對臺灣政壇有很大的影響力。

我造訪了林義雄位於宜蘭的老家，也就是慈林紀念館。

從羅東市中心出發，約十分鐘車程即可抵達。這裡沒有顯眼的標誌和招牌，一不留意就可能會錯過。穿過鬱鬱蒼蒼的樹木，往裡頭走去，便會看到被弧形的外牆圍住的紅色大門，以及紅磚建築的閩南式平房，聽說外牆是仿林義雄在臺北的住家而增建的。

裡面展示的是不幸在血案中罹難的家屬遺物，雙胞胎女兒的遺物當中，有臺北「衛理幼稚園」的聯絡簿——我小時候也是念同一所幼稚園。此外還有親手做的、要送給父母親的生日卡片，一想到年幼的她們命喪於蠻橫的暴力之下，我的心情就很難受。

這棟平房旁的「臺灣民主運動館」會定期舉辦和民主化運動相關的展覽，我到訪時，舉辦的正好是二〇一四年學生占領立法院的「太陽花運動」特展。

馬路對面則是「慈林文教中心」大樓，樓上是林義雄夫婦在宜蘭的住家，二樓有「臺灣社會運動史料中心」的展示室，能夠了解以宜蘭為中心、至今在臺灣發生的各式各樣社會運動。這裡也會舉辦座談會和研習營，林義雄會親自對年輕世代的學子們傳達社會運動的重要性，是個非常寶貴的學習環境。

另一位在臺灣現代政治史上留下重要足跡的宜蘭人就是陳定南。

他在一九四三年出生於宜蘭，就讀臺灣大學法律系，畢業後在廣告公司工作，由於美麗島事件和林義雄遭遇的林宅血案，促使他投入政界，在一九八一年成為戰後第一位當選宜蘭縣長的黨外人士。

一九八〇年代，臺灣西部的企業想要大舉前往東部設廠，東部的工業化活動蠢蠢欲動。尤其宜蘭離臺北近，平地又多，因此有好幾項重工業開發案陸續提出，想在宜蘭設廠，可是陳定南憂心自然遭到破壞和環境汙染，希望著重發展觀光業這種「無煙囪產業」。臺灣最大的石油化學廠臺塑原本計畫在宜蘭興建「臺塑六輕」工廠，卻遭到陳定南強烈反對而被迫中止。他把心力投注在整備觀光資源上，接連建設了「羅東運動公園」、「冬山河親水公園」、「蘇澳冷泉」等設施，至今依然是宜蘭熱門的觀光景點。

他在擔任縣長時一天工作超過十五個小時，不管任何事都事必躬親，到現在仍受到宜蘭縣民的尊敬。二〇〇六年，他因肺腺癌病逝，享壽六十三歲。

之後，陳定南童年時期居住過的三合院一帶經過重新整修，設立了「陳定南紀念館」，收藏著熱愛讀書的陳定南生前讀過的大約六百箱書籍，與他愛用的公事包和破舊的皮鞋等展示品，他生前公正無私和勤勞節儉的性格，以及終其一生奉獻給工作的形象彷彿歷歷在目。

做為黨外運動的發源地，在文化、人權、社會、民主化等各方面，宜蘭一直站在最前面為人民發聲。

由蔣渭水與郭雨新所播下的民主種子，從黨外運動的興盛、民進黨的成立、二〇〇六年的政權輪替，到二〇一六年由民進黨的蔡英文當選總統，可說一脈相承，最終開花結果。

位於宜蘭縣三星鄉的陳定南紀念園區。

■ **櫻花陵園（渭水之丘）**
宜蘭縣礁溪鄉匏崙村匏杓崙路 139-1 號
☎ 03-9220433

■ **慈林紀念館（林家故居）**
宜蘭縣五結鄉鎮安村二結路 339 號對面
☎ 03-9650515
㊕ 9:30 ～ 12:00/13:30 ～ 17:00

■ **陳定南紀念園區**
宜蘭縣三星鄉大義村義洲路 2 段 65 巷 52 號
☎ 03-9898855
㊕ 9:00 ～ 12:00/13:30 ～ 17:00
㊡ 星期一、除夕

臺日合作的親水公園——冬山河

我很喜歡看地圖，在發現地圖上有有趣的地名、不可思議的標誌或地形時，便會覺得很有意思。

當我開始到臺灣各地旅行後，每次打開地圖都會注意到一件事——在日本幾乎都把河流稱為「川」，但臺灣則多稱為「溪」。可能是因為臺灣的河流河道狹窄且水流湍急，所以才稱為「溪」吧。但是，在宜蘭卻有少數稱為河的河川，其中之一就是「冬山河」。

冬山河是流經宜蘭的主要河川「蘭陽溪」的支流，全長二十四公里，不長不短的長度，在地圖上看的話，筆直得彷彿是用直尺畫出來的。

過去冬山河經常氾濫成災，長期以來成為民眾的夢魘，而且河川沿岸被丟棄了大量垃圾，給人的觀感亦不佳。為了改善環境，當時的宜蘭縣長——也就是前面提到的陳定南——將冬山河治水工程列為縣內一大計畫，他將河道截彎取直，在河口附近完成了臺灣第一座標榜能夠「親近水」的主題概念公園「冬山河親水公園」。

冬山河從以前惡名昭彰的濁流搖身一變，成為吸引每位市民主動親近的河川，背後其實有一段臺灣人和日本人彼此合作、共同努力的故事。

接受委託規劃冬山河的是景觀設計師郭中端女士，她在日本早稻田大學的研究所學習建築與都市工學，陳定南縣長拜讀過她在日本建築專門雜誌發表的關於「水環境」的研究論文，因此三顧茅廬邀請她協助。

為了了解當初整治冬山河的詳細情形，我於是拜訪了她位於淡水的辦公室。對於這項規劃案，她表示：「這是讓我從學術轉為實務的一個大案子。」

熱情地與我分享景觀設計想法的郭中端女士。

郭中端原本就對日治時代的建築物很感興趣，在寫博士論文時就已經打定注意將來要從事研究工作，因此當被委託「治水」時，她還因為事出突然而感到不知所措。但是在陳定南縣長保證會「全力配合」、不厭其煩地遊說下，她最終接受了這項委託。

當時郭中端還在撰寫博士論文，沒有實務經驗的她把設計交給日本建築師組成的

「象設計集團」，自己則負責整體的規劃和會計業務。象設計集團也因為這個契機，陸續接手了具有中式特色的宜蘭縣政府大樓、宜蘭縣議會等宜蘭在地的設計案。

透過這次的工作，沉睡在郭中端內心的夢想、實力與行動力頓時綻放開來，對風水頗有涉獵的她還建議河岸的配色要用黃色與藍色，也和大家熱烈討論卵石圓錐的排列等，花了整整七年的歲月，完成了冬山河親水公園。我實際去了一趟，當時公園裡有在自行車道上一同騎乘腳踏車的親子、慢跑的人、坐在草皮上眺望河流的情侶等，非常熱鬧。公園一隅還有專門提供戲水的地方，不知道哪一所大學的划船隊在河中央練習，伴隨著吆喝聲，左右兩排整齊劃一地划槳前進。

我找了張適合眺望景色的長椅坐下來，有位臺灣老伯伯靠了過來，用日語對我說：「這個公園是日本人和臺灣人一起蓋的。」

也許是看到我手中拿著寫有日文的筆記本吧。原來當地居民知道這座公園是郭中端女士和象設計集團聯手建設的，老伯伯的話讓人感到欣慰。

在陳定南縣長和郭中端女士的同心協力之下，完成了冬山河的整治工程，隨著時光流逝，更能證明當初的計畫是多富有遠見。如今冬山河是附近農家的重要水源，也是居民休憩的場所，更是宜蘭縣的觀光焦點，替當地帶來了莫大的利益。

現在郭中端女士也成為臺灣景觀設計的第一把交椅，她說：「景觀往往得運作十年以上才能逐漸融入環境，也可能要歷經百年才能成為當地風景的一部分。」

受惠於冬山河整治工程的成功，宜蘭還出現了另一項很大的變化，那就是民宿。前往親水公園途中，馬路兩旁就可以看到十幾家劃著箭頭標示的「○○民宿」招牌，就像日本的滑雪場或溫泉鄉才會看到的景象。據說正是冬山河一帶林立的民宿帶動了全臺灣的民宿風潮。

其中比較有名的是一棟在水池中央突然出現整面玻璃窗的建築物。現代風格的設計還會讓人誤以為來到了美術館，和周圍的農村風景有些格格不入，但或許正是這樣的衝

坐在冬山河的親水公園一隅，享受微風吹拂。

突感吸引了遊客的目光吧，有時我還真是摸不清臺灣人的審美標準。不過從南洋風度假小木屋、歐洲宮廷風、清水模建築到色彩繽紛的北歐風等，冬山河一帶有著風格多變的各種民宿，可說各異其趣。

當地的民宿幾乎都被藍天白雲和清新空氣包圍，而且和宜蘭的「水」是如此貼近，這樣的建築概念或許也可以歸功於完善的治水工程吧。

在為數眾多的民宿中，最吸引我目光的莫過於「浮線發想之島」了，這間民宿如同在水池中央浮出一座清水模建築，宛如水上別墅。

走過棧橋進入房間，有我最喜歡的浴缸可以泡澡，窗戶外就是和房間相通的私人泳池，實在是太愜意了。而且房客可以搭乘小船在水面上蕩漾，也可以在陽臺釣魚，充分享受四周被水環繞的恬靜。映照在水面上的夕陽餘暉、夜晚的蟲鳴、皎潔的月光和清晨眩目的陽光等大自然之美，在一般的都市生活很難感受到。

二〇〇二年，縣政府在親水公園附近興建了主題園區「國立傳統藝術中心」，把和臺灣相關的各種傳統民俗文化集結在一起。

在這裡可以觀賞臺灣的歌仔戲、布袋戲或中國傳統戲劇「京劇」，也能體驗編織竹籐之類的傳統工藝，此外還有重現臺灣老街氛圍的道路和建築。在園內可以充分享受兼具文化氣息與自然之美的景觀布置，使這裡成為大受歡迎的觀光景點。

後來臺灣各地紛紛仿效，興建與冬山河概念相似的親水公園。冬山河親水公園也融入了當地環境，不但促進地區的活化，更吸引了來自海內外的觀光客一睹風采，可以說是臺灣和日本攜手合作實現景觀開發的最佳範本。

在藍天白雲襯托下，民宿「浮線發想之島」就像浮在水面上。

■ **冬山河親水公園**
宜蘭縣五結鄉親河路 2 段 2 號
☎ 03-9502097
㊫ 8:00 ～ 22:00
http://www.goilan.com.tw/dsriver/

■ **國立傳統藝術中心**
宜蘭縣五結鄉季新村五濱路 2 段 201 號
☎ 03-9508341
㊫ 9:00 ～ 18:00（夏 9:00 ～ 20:00）
＊可以搭乘冬山河親水公園的水上巴士欣賞沿岸風光（9:00 ～ 17:20）
＊園內可供住宿
http://www.ncfta.gov.tw/

■ **浮線發想之島（民宿）**
宜蘭縣五結鄉五結路 1 段 376 巷 2 號
☎ 03-9501580
http://www.neverland.com.tw

第三章

在花蓮
發現日本

父親的石頭——太魯閣

「阿妙，這是花蓮的特產喔。」

「爸，又是『石頭』？」

位於臺灣東部的「花蓮」，在我聽來總覺得名稱很響亮，在我國中時過世的父親生前經常到花蓮出差，而每次帶回來的禮物都是「石頭」，因此我對花蓮的印象總是離不開石頭。

這些石頭有各式各樣的顏色，而且形狀往往像某些動植物，比如綠烏龜、小白狗、小灰貓、紅色蝴蝶、橘色鬱金香等，大小不一的石頭，多到我的櫃子都快放不下了，只是父親似乎沒有察覺到女兒收到禮物卻開心不起來的心情。

當我長大之後，偶然把父親送給我的石頭拿在手上端詳，才知道那不是普通的石頭，而是花蓮特產的大理石、珊瑚和玉，價格不菲。

如今我在家也會偶爾望向那塊像綠烏龜的石頭。

「我覺得這個很適合阿妙。」

遠處彷彿傳來父親的聲音。我的腦海中浮現他挑選著石頭、猶豫不決的背影，不禁有點感傷。我終於體會到父親的用心，但現在想要說聲謝謝，卻已經晚了四十年。

我在成年之前去過花蓮兩次。第一次是與父母親還有妹妹阿窈同行的家族旅遊，第二次則是和母親那邊的親戚一起去。刻著「東西橫貫公路」的中式牌樓、險峻的峽谷和隧道，站在這些風景前拍的照片我至今都還留著，證明我真的去過「太魯閣峽谷」。

然而，我的記憶裡卻沒有那些斷崖絕壁的美麗風光，只記得自己在山谷間蜿蜒的道路上嚴重暈車，一路上眼泛淚光，反覆哭著說：「阿妙快要死掉了啦！」

隔了幾十年之後，我在二〇一〇年第三次踏上花蓮的土地，心中對花蓮的記憶不再是「石頭」和「快要死掉了」，這次終於刷新了印象。

我搭乘飛機從臺北松山機場到花蓮，雖然時常到臺灣來，但這次搭乘的可是睽違已久的國內線。在候機區裡，也許因為周遭國臺語交錯的緣故，即使航廈裡也有國際線，但我總覺得這裡充滿了親切的本土氣息。而且飛往花蓮的飛機是雙螺旋槳的小型民航機，這種機型是日本國內線看不到的。

因為機身小容易搖晃，即使從窗外可以眺望美麗的東部海岸線，卻無法減緩我的頭暈目眩，只能忍耐著直到下飛機。但是，雙腳一踩在花蓮的土地上，光是呼吸著新鮮空氣，剛剛的暈機症狀就一下子全好了，真是不可思議。

花蓮機場的建築頗有特色，臺灣本島有四座軍民共用的機場，其中唯一位在東海岸的就是花蓮機場。降落前，機內不斷以廣播提醒民眾這座軍民共用的機場禁止攝影，機場內有好幾座莊嚴肅穆的軍機倉庫並列著，還可以看到很威猛的戰鬥機。

花蓮機場的航廈是由三角形屋頂和玻璃帷幕相連而成，內部像西洋棋盤般的地板和牆壁全部是用在地特產的大理石，就連廁所的洗手檯用的也都是氣派的大理石，讓人光是洗個手都不禁小心翼翼。

花蓮機場是興建於日治時代的老機場，二〇〇四年改頭換面整修後變得相當豪華氣派，堪稱全臺第一。入境大廳的正面，是以臺灣原住民與漢族的傳統屋舍為主題設計的廣場和噴水池，整個航廈簡直就像一座大理石殿堂，站在這裡感覺自己也跟著增添了幾分貴氣。

我走出機場，立即租了車子前往太魯閣峽谷。

臺灣東部的交通設施尚不完備，所以對遊客來說租車是最方便的。要外國人看懂中文的道路標誌雖然有些難度，但日本人在臺灣只要持有駕照的中文譯本就能夠自由租車，厲害的人甚至可以租一臺機車在市區穿梭自如。

穿過這座牌樓後，眼前就是太魯閣峽谷雄偉壯觀的景色。

中途看到了刻著「太魯閣國家公園東西橫貫公路入口」幾個字的大理石，這就是往太魯閣峽谷的入口，旁邊放了許多安全帽，可以免費借用。

一開始我感到十分疑惑，不明白為什麼要在這裡放安全帽，後來才想到是要防止落石砸傷頭部。近年來，因為氣候異常造成豪雨不斷，太魯閣經常發生落石意外，就算戴安全帽只是求心安，我還是借了一頂——畢竟我還想要活久一點，還想繼續寫作呢。

沿著太魯閣峽谷的岩壁落下的瀑布，在下方出現多層分流，濺出白色的水花。走在一次只能容四個人通過的吊橋上，就像在馬戲團走鋼索般緊張刺激。腳底下的潺潺溪流綿延而過，在打通山脈而建的隧道裡，可以看到綠色的大理石岩壁美得像一幅水彩畫，水聲和風聲真實地傳到耳朵裡。

大理石岩層受到侵蝕而形成了峽谷，整個壁面的紋路都不同，即使站在同一個地方，也會因為光線照射角度的差異而產生不一樣的景致，宛如置身仙境。

「太魯閣」一詞源自原住民太魯閣族族語「Truku」，意為「山腰的平臺」、「可居住之地」，日治時代的發音為「Tairoko」，和現在的「太魯閣」相同。

兩個人錯身就很勉強的狹窄吊橋搖晃得很厲害，要通過需要一點膽量。

在太魯閣有座「文山溫泉」，是只有內行人才知道的秘境。

依型態分類的話，文山溫泉屬於「野溪溫泉」，從溪谷的岩壁中自然湧出的泉水形成了天然的泡湯環境，雖然聽起來很浪漫，但可要費一番工夫才到得了。

位於太魯閣山腰處的泰山隧道口旁有一條步道，循步道而下，朝河谷的方向前進，中途會出現一棟像是更衣室的小屋，但這時離目的地還有一段距離。經過最多只能容納五個人通行的吊橋後，還要順著沿岩壁搭建的階梯一直往下走，大約二十分鐘後，才終於看到像是溫泉的地方，之後還要穿過河面上的矮橋，一邊握著綁住欄杆的繩索，一邊往河床走去。

我一路上拚命走著，身體也冒了些汗，浸泡在微熱的溫泉裡舒服極了，一旁還有湍急的河水流過。前來泡湯的遊客不在少數，有的像是在地的民眾，非常熟練地找到了自己的位置，津津有味地吃起橘子或蘋果，好不愜意。外來遊客也加入其中，很自然地聊起天來。不分男女老少，大家都穿著泳衣。

雖然設施稱不上完善，卻得以保存大自然的原始風貌，讓溫泉浸泡到頸部，舒服得彷彿世俗的煩惱雜念都被拋諸腦後了。

太魯閣峽谷是臺灣僅次於臺北故宮的知名觀光景點，深受日本人的青睞。行經太魯閣峽谷的道路，時而在陡峭峽谷的縫隙間穿梭，時而緊偎著

泡湯民眾各自享受著大自然環抱中的「文山溫泉」。

岩壁不斷前進，抬頭往上看，還會看到落石防護網，以及為了補強而用水泥固定岩石表面的部分，因為顏色不同，所以一目瞭然。如今遊覽車或自用車排成一列循序前進的這條道路，以前其實是開拓為軍用道路。

由於地勢險峻和原住民的抗爭，東臺灣是全臺比較晚開發的地區。被任命為第五任臺灣總督的佐久間左馬太首先針對反抗日本統治的原住民提出了「五年理蕃計畫」，進行周全的探勘作業（在地調查），同時不斷開闢對原住民部落的聯絡道路，或是在溪流上架設吊橋、開拓供步兵和裝載大砲的車輛通過的軍用道路。

此外，太魯閣峽谷位於花蓮縣，而「花蓮」這個地名也是其來有自。日治時代這裡被稱為「花蓮港」，但在更早以前的清朝時，從宜蘭到花蓮開墾的漢族看著湍急的溪水流入太平洋，還有不斷打上岸的洶湧海浪伴隨著漩渦，所以將此地取名「洄瀾港」，即漩渦之意。到了日治時代，漢字就採用發音接近的「花蓮」，固定稱這裡為「花蓮港」了。

儘管供船隻停泊的港口在一九三九年才落成，可是在那之前日本人就已經將這裡稱為花蓮港，這一點實在令人不解。有一說是這一帶的海岸線多為險峻的斷崖絕壁，長久以來被認為是不可能築港的險惡之地，因此人們懷抱著築港的心願，把「港」這個字放入地名裡。

戰後，因為同樣有港口的高雄與基隆的地名並沒有「港」字，因此花蓮港最後就改為「花蓮」。

睽違已久的花蓮之旅，對我來說意義重大。在我的認知裡曾經「只有石頭」的花蓮，如今彷彿成為充滿魅力、閃閃動人的大理石，讓我不禁想要深入挖掘。

美食天堂——花蓮市（一）

花蓮市位在花蓮縣的中心地帶，對於這座久違的城市，我的第一印象是「出乎意料地廣闊」。但這其實是因為我先入為主的觀念，認定和臺北或高雄這樣的大都市相比，「花蓮當然要小得多」。然而，花蓮市可是東海岸的第一大城，就這一點來看，要說幅員廣闊也是理所當然的。

下了飛機之後，本來猶豫著要不要搭計程車到市區，但最後還是選擇租車比較方便。如果是搭火車到花蓮車站的話，也可以租自行車暢遊市區，因為花蓮市周邊和海岸沿線的自行車步道整頓得很完備，近來許多住宿設施也會提供租借自行車的服務，車站前除了自行車出租店，還有很多飯店可供選擇。花蓮車站的歷史悠久，建築較為老舊，但近年來臺灣國內興起了東海岸觀光熱潮，因此車站附近變得相當熱鬧。

花蓮縣的總面積約為四千六百平方公里，是全臺十三個「縣」當中面積最大的，可是平地只占總面積的百分之七，河川占了百分之六，而光是山地就占了百分之八十七，適合人居的區域非常有限。

而且花蓮縣的平地兩側被中央山脈和海岸山脈所挾，呈細長的帶狀，也就是延伸到臺東縣的「花東縱谷」。尤其海岸山脈的北端始於花蓮市，因此在這裡能將巨大的山脈和綿延無際的海岸線盡收眼底，即使是同樣身為島國的日本，恐怕也看不到如此驚心動魄的景觀。

如果要舉出象徵花蓮市的地標，我第一個想到的是「美崙山」和「花蓮港」。

美崙山是一座海拔高度一〇八公尺的小山，但一直以來都是歷史重鎮。以前這一帶是原住民阿美族的居住地，由於山的形狀像鬼頭刀，所以阿美族人稱這座山為「Parik」。到了清朝，阿美族在這裡大量種植小米，收穫時期整面山坡都是金黃色的穗浪，而穗浪的族語為「米浪」，因此阿美族人取發音接近的「米崙」為名，戰後則改稱「美崙」。

日治時代，因為美崙山可以俯瞰整個花蓮市，連港口和太平洋也一覽無遺，所以日本人計劃將這裡改為軍事要塞，於是把阿美族強制遷移到其他地方居住。一九四二年，日本人在此興建了「花蓮港兵事部」辦公室，除了做為軍事指揮中心，同時也是接待上級士官的休憩所。還有傳言指出神風特攻隊自花蓮出征前，也會在這裡接受天皇賞賜的「御前酒」。

「松園別館」瀰漫著高級別墅的氛圍，因為地勢較高，可以登高望遠。

戰後此地改名為「松園別館」，曾有一段時間做為美軍顧問團的休閒度假中心，現在則是對外開放的一般觀光景點。園內有樹齡超過百年的參天古樹琉球松，枝繁葉茂，巍峨聳立，與後方的兩層樓迴廊式洋館建築融合，構成一幅不可思議的景致。

這是目前臺灣保存得最好的日治時代軍事設施，裡面有咖啡廳和商店進駐，可以悠閒地參觀建築物和展示品，好好放鬆心情。

美崙山腳下有美崙溪蜿蜒流過。日治時代，山上斜坡曾興建了一座宏偉氣派的「花蓮港神社」，並在神社前的美崙溪兩岸架設了大型吊橋，以便通往市街中心。神社遺址現在變成了「忠烈祠」，吊橋也改為結實的水泥橋，而從美崙山往下望去的壯麗景致則依舊如昔。

附近有一連好幾棟的日式木造房舍「將軍府」，原本是日治時代的日本高級軍官居住的宿舍，其中包含了當時的指揮官「中村大佐」的寓所，當時的漢人只是單純認為有「偉大的人物」住在這裡，所以稱為「將軍府」。

除了週末或特別的日子會舉辦活動之外，這裡平常十分幽靜。雖然還有正在修復的日式房舍，但反而保留了過去的氛圍，增添了歷史感。

花蓮市最初發展的地方，就是以美崙山為中心的這一帶。

日治時代初期，花蓮是僅有三十戶、共八十一人居住的貧窮村落，當時東臺灣的中心在臺東，花蓮只是類似臺東的「辦事處」這樣的存在。儘管道路和鐵路設施趨於完備，令大家熱切期盼接下來進行築港工程，但是礙於嚴苛的自然條件，面臨著極大的困難，使計畫遲遲無法付諸實行。而在期盼許久的築港工程終於拍板定案後，昭和時代的《東臺灣新報》編輯毛利之俊編纂的《東臺灣展望》一書便有如下的描寫：

「終於在議會通過了昭和五年度的築港預算案，花蓮港的居民欣喜若狂，連連歡呼萬歲。這是官方和民間十五年來的殷切期盼，也是東臺灣的生存之道，雀躍之情可想而知。」

不只投入了龐大的預算，還有許多日本人、漢人、原住民被徵召從事各種勞役，花蓮港最終在一九三九年落成。現今，花蓮港已經是賞海豚與賞鯨的聖地，不僅是熱門的觀光景點，還在二〇〇一年和日本的石垣港締結為姊妹港，如今也計劃開通花蓮往石垣島的郵輪航線，單程約五小時。

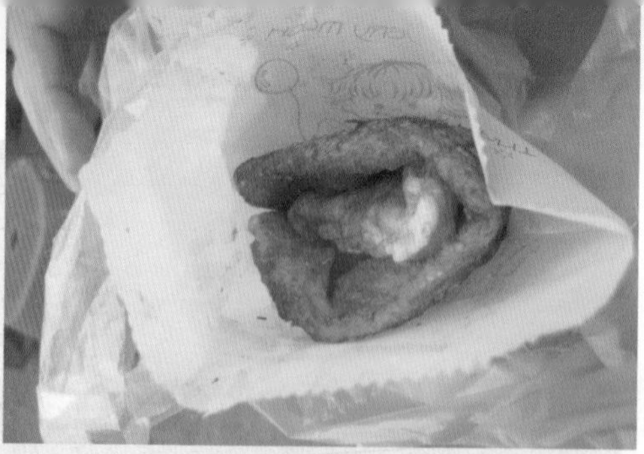

「炸彈蔥油餅」裡的半熟蛋黃爆漿流出。

至於花蓮市的美食，就集中在往松園別館的中正路、中山路和中華路一帶。來到花蓮千萬不能錯過「炸彈蔥油餅」、「扁食」和「包心粉圓」。

一般的蔥油餅是把蔥末拌入麵糰揉成餅皮後油煎而成，但花蓮的蔥油餅不是用煎的，而是將整片餅皮放入鍋內油炸，接著把蛋也炸到半熟後起鍋，用蔥油餅捲起來，這就是花蓮人的吃法。

因為是用油炸的，所以蔥香更勝一籌，金黃色的蛋黃從熱呼呼又有些酥脆的蔥油餅裡爆漿流出，我怎麼抗拒得了這樣的美味呢？明知道熱量很高，可是難得到花蓮來了，最少要吃兩個才過癮。復興街上就有兩家非常受歡迎的名店，彼此相鄰，而且都大排長龍。

為什麼兩家店會開在一起、互相競爭呢？真令人不解，但這樣的現象在臺灣可是見怪不怪，而且店開得近的話，對我們這些饕客來說當然更方便。

在「炸彈蔥油餅」附近，有一間併設咖啡廳的「時光二手書店」，這是現在在花蓮相當流行的經營模式。這間二手書店改造自一間環境舒適的老平房，結合了書店和咖啡廳，也是兼賣雜貨的藝文空間。如果買蔥油餅要等很久的話，不妨先到這裡消磨一下時間。

提到花蓮傳統的味道，想必很多人會聯想到「扁食」吧。扁食在日本稱為「wantan」，是源自中國廣東省「雲呑」的廣州話發音，但其實它的稱呼在中國各地有所不同，例如在廣東和香港稱為「雲呑」，在北京和上海稱為「餛飩」，在四川稱為「抄手」，而在閩南和臺灣則稱為「扁食」，基本上都是指同樣的食物。對身為日本人的我來說，wantan就是wantan，就算改叫扁食我也不會因此感興趣，因為我其實不太喜歡吃。我喜歡吃的是水餃，因為餃子皮彈牙、肉餡鮮嫩多汁，簡直就是人間美味。相較之下，wantan的皮薄到吹彈可破，裡面的肉餡也少得缺乏誠意，對我來說是可有可無的一道菜。但是臺灣朋友強烈建議我到花蓮市時一定要吃扁食，所以我終究還是跑去一探究竟。

花蓮知名的扁食店有「液香扁食」和「戴記扁食」，這兩家店也離得很近。

初嚐幾口，連原本不太喜歡的我，也不禁覺得這裡的扁食的確好吃。不是因為比較大顆或是使用特殊的餡料，而是平滑的扁食外皮略帶彈性，和調味恰如其分的豬肉內餡形成絕妙的平衡，而且關鍵在於湯。清澈的湯底加了些許芹菜和油蔥酥，味道看似淡薄，入喉卻驚為天人，喝起來就像是美味的法式清湯（consommé），精心熬製的湯頭濃郁入味，一股清爽鮮甜在口中迸散。

兩家店都是擁有近八十年歷史的老店。戴記扁食是故蔣經國總統訪問花蓮時必定造訪的店家，因而遠近馳名。[1]但兩家店的味道幾乎沒什麼兩樣，美味程度也不相上下，我後來才知道原來他們師出同門，創始者是同一號人物，只是之後才另外出來開分店。

而對喜歡剉冰和粉圓的人來說，花蓮的「包心粉圓」更是令人無法抗拒的甜品。花蓮市的粉圓要屬「五霸焦糖包心粉圓」和「正宗包心粉圓」這兩家比較有名，而且彼此相鄰。「兩家店相鄰」似乎是花蓮的開店準則，根據當地人的說法，兩家排隊的行列雖然互有消長，但同樣都很受歡迎。

粉圓就是指珍珠奶茶裡面的珍珠，只是這裡的粉圓比平常看到的還大上兩倍，而且包了各種口味的內餡，所以稱為「包心粉圓」。黑糖、抹茶、桂圓、芋頭、花生口味都有，色彩繽紛，在視覺上呈現一大享受。

在花蓮最道地的做法，是把包心粉圓舀在盤底，接著鋪上綿綿的剉冰，在剉冰上使力按壓，讓剉冰變得扎實、呈現圓弧狀，最後再淋上焦糖和煉乳就大功告成了。

光是這樣用文字說明或許很難想像，但簡單說就是剉冰外觀像菠蘿麵包，用湯匙挖開裡面，就可以看到包心粉圓。這是在日本絕對吃不到的味道，就算在臺灣我也只有在花蓮看過。

接著，我又發現了兩家彼此為鄰的美食名店。那就是以小籠包和蒸餃打響名號的「公正包子」和「周家蒸餃」。相鄰的兩家店門口都堆了好幾層蒸籠，店員們則忙著包肉餡，手上的動作一刻也沒停過。兩家店的餐點大同小異，雖然說是「小籠包」，卻不是臺灣有名的、皮薄汁多的小籠湯包，而是麵皮厚、肉餡飽滿的小包子。

右／「戴記扁食」的扁食是用手工一個個現捏而成的。
左／剉冰裡面有許多色彩繽紛的「包心粉圓」。

此外店裡還有賣水餃和蒸餃，以味道論勝負的話，分別是公正包子的小籠包和周家蒸餃的蒸餃勝出。這兩家店對面還有現打的新鮮果汁攤，附近也聚集了很多小吃店，而且營業到深夜，對遊客來說可是一大福音。

至於適合當伴手禮的花蓮特產，我想推薦的是「剝皮辣椒」、「惠比須餅舖」和「洄瀾薯道」。

肉餡味美多汁的「周家蒸餃」。

「剝皮辣椒」是將青辣椒用醬油醃漬而成的，對於嗜辣的我而言，如果餐桌上有這剝皮辣椒，多吃幾碗白飯都不成問題。以產地來說，花蓮南部的鳳林鎮較為出名，但在花蓮市區也買得到，而且醬汁很適合用來炒菜。不過在臺北就比較難買到，遑論是海外的日本，又因為是玻璃瓶裝，擔心途中會破損，所以我總是不敢一次買太多。

但最近我迷上了同樣是花蓮特產的「山豬皮辣椒」，用蒜頭和辣椒醃漬豬皮，吃起來脆脆的，非常下飯，也很適合當做下酒菜。許多販賣原住民料理的餐廳裡也會出現這道菜，有機會不妨嘗試一下。

日治時代的一八九九年，日本人安富君因為懷念日式和菓子而開了一間「惠比須餅舖」，還和店內的臺灣師傅張房一起研發出番薯製成的「餡子芋」，也就是後來代表這家店的招牌商品「花蓮薯」。這項商品曾被指定為進貢日本天皇的甜點，之後也多次獲得獎賞，一路走來堅持傳承古早味，現在由第三代接手經營，簡樸的味道廣受大眾喜愛。

「洄瀾薯道」也是專賣番薯製品的烘焙名店，和惠比須餅舖相比，口味比較偏向臺灣在地風味，其中我最推薦的是「黑糖蜜番薯」。番薯用黑砂糖精心熬煮之後，扎實入味，很像日本人將蒸熟的番薯乾燥後所製成的「干芋」，缺點是容易黏牙，但只要吃一條就足以果腹了。

介紹完吃的，當然就需要飲料來解渴一下。在這裡我想推薦的是「西瓜大王」的西瓜汁和「廟口紅茶」。

每年花蓮的西瓜採收季結束之後，就會舉辦「西瓜節」來慶祝豐收，可見花蓮大西瓜的名氣相當響亮。顧名思義，西瓜大王就是專門賣西瓜的店，這裡的西瓜汁是百分百的原汁原味，不添加任何水或砂糖，另外還有西瓜牛奶、西瓜蘋果汁、西瓜鳳梨汁等不同口味。西瓜原汁的天然甜味令人感到不可思議，沙沙的口感十分清爽，在臺灣的炎熱天氣裡堪稱消暑的飲品，而且這裡還可以吃到切片的紅西瓜。

而「廟口紅茶」則以鋼管輸送紅茶聞名，也許各位會納悶為什麼是用鋼管輸送，這個問題只要到店裡就可以找到解答了。穿過一樓天花板的三支鋼管上各自註明「杏仁」、「紅茶」、「酸梅」三種飲料，當飲料通過鋼管時就達到冰鎮的效果，相當方便。除了飲料，從早餐吃的三明治、點心時間的馬卡龍到晚餐的肉粽等，琳瑯滿目的美食讓人完全不愁餓肚子。看著在地人各自點了喜歡的食物，一邊配著飲料享用，是一幅多麼純樸的風景。我也希望自己能夠融入那樣的畫面，於是雙腳不自覺地往他們走去。

1：另有一說是指分家前的液香扁食。

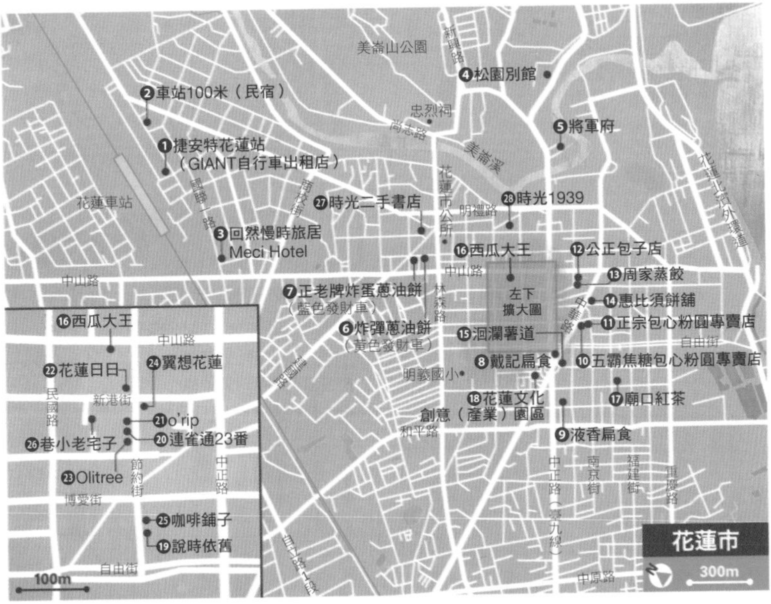

右／「西瓜大王」的店門口和店內都擺滿了大西瓜。

左／「廟口紅茶」的飲料是從鋼管輸送的。

❶捷安特花蓮站（GIANT自行車出租店）
花蓮市國興一街 35 號 ☎ 03-8336761
㊖ 星期一～五 9:00 ～ 18:00
星期六、日 8:00 ～ 18:00
㊡ 星期四

❷車站100米（民宿）
花蓮市國興一街 18 號 ☎ 0965-312-180
http://www.sioom.com.tw/

❸回然慢時旅居Meci Hotel
花蓮市國聯一路 201 號 ☎ 03-8361116 f

❹松園別館
花蓮市松園街 65 號 ☎ 03-8356510
㊖ 9:00 ～ 18:00
http://pinegarden.com.tw

❺將軍府
花蓮市中正路 622 巷 6 號

❻炸彈蔥油餅
花蓮市復興街 102 號
☎ 0919-288-590/0931-121-661
㊖ 13:00 ～（賣完為止）

❼正老牌炸蛋蔥油餅
花蓮市復興街 110 巷 2 號路口
☎ 0955-282-038
㊖ 13:00 ～ 19:00

❽戴記扁食
花蓮市中華路 120 號 ☎ 03-8350667
㊖ 10:00 ～ 20:15 ㊡星期三
http://www.daiwa.url.tw

❾液香扁食
花蓮市信義街 42 號 ☎ 03-8326761
㊖ 10:00 ～（賣完為止）
http://est.idv.tw/yexiang/

❿五霸焦糖包心粉圓專賣店
花蓮市博愛街 165 號 ☎ 03-8322929
㊖ 10:30 ～ 22:30
http://fivebar.myweb.hinet.net

⓫正宗包心粉圓專賣店
花蓮市博愛街 163 號 ☎ 03-8333238
㊖ 11:00 ～ 23:30

⓬公正包子店
花蓮市中山路 199-2 號 ☎ 03-8342933
㊖ 6:00 ～ 20:00 ㊡全年無休

⓭周家蒸餃
花蓮市公正街 4-20 號 ☎ 03-8350006
㊖ 24 小時 ㊡全年無休
http://zhoujia.myweb.hinet.net

⓮惠比須餅舖
http://www.ebisu.com.tw

⓯洄瀾薯道
http://www.since1938.com

⓰西瓜大王
花蓮市中山路 281 號 ☎ 03-8322678
㊖ 10:00 ～ 23:00

⓱廟口紅茶
花蓮市成功街 216 號 ☎ 03-8323846
㊖ 6:00 ～ 23:00 ㊡星期三
http://038323846.tw.tranews.com

※ 請參照第 143 頁的地圖。

老屋改造，活力重現——花蓮市（二）

位花蓮市中心的「花蓮文化創意產業園區」改造自一九一三年興建的花蓮酒廠，總面積達一千五百坪以上，過去的倉庫、宿舍、釀酒廠搖身一變成為具現代感的餐廳、咖啡館和展覽館等空間，吸引眾多遊客和文青連日前來參觀，造成熱烈討論。

近年來，許多日治時代的糖廠、菸廠、酒廠等，臺灣各地已經廢棄不使用的產業遺跡會維持外觀原貌進行改造，變身為「文化創意（產業）園區」。但實際上，所謂的「文化創意」本身究竟指的是什麼，我想一時很難有具體的概念。

一般說來，臺灣的文化創意產業是指二〇〇二年開始在全國推動的「鼓勵民眾進行商品開發和設計方案」，可是光憑字面上的意思，實在很難讓人了解其中內涵。

我詢問了對臺灣文化瞭若指掌的臺灣漫畫家哈日杏子，她說這「泛指開設風格獨特的咖啡館或商店，並販賣獨創品牌的雜貨商品」。原來如此，現在在許多文創園區確實都可以看到咖啡館或商店，也都會販賣原創的T恤或可愛的手工小東西。

說到老屋改造，近年來臺灣各地如雨後春筍般出現了許多改建自日治時代民宅的民宿，這也成了我到臺灣旅行的新樂趣，我往往會特地預約這類民宿。比如花蓮市內就有「說時依舊」和「連雀通二十三番」兩家老屋民宿，經營者是同一人，而且都位於節約街上。只不過這兩家民宿相當熱門，即使我想預約的是平日，也全都客滿了。

於是我向民宿主人黃絜宜請託，即使無法入住，也希望能夠親自參觀一下。

一九八一年生的黃絜宜是在花蓮市以南大約九十公里的玉里鎮長大的，原本嚮往都會生活而在臺北的銀行工作，但是八年前左右，她被調派到花蓮，不得已離開了生活便利的臺北，雖然一開始很討厭回到鄉下，卻逐漸喜歡上「慢活」的花蓮，也遇到了想共度一輩子的對象，於是就這樣留在花蓮了。她辭掉了工作，打算和另一半一起創業，四處尋找合適的地點開餐廳時，誤打誤撞找到了這棟擁有八十多年歷史、原本是耳鼻喉科診所的日式老房子。

他們原先預定要開火鍋店，於是將面向道路的一邊改為一整面的玻璃牆，木造建築的廚房則改為石造，到了終於要開幕的階段，卻因為經營理念不合，導致兩人關係生變，另一半最後拂袖而去。

頓時陷入愁雲慘霧的黃絜宜，把心一橫，做了一百八十度大轉變，將老房子改為一個人也可以經營的民宿「說時依舊」，並強調建築物本身的懷舊氛圍，最終大獲成功。

右／改造花蓮市節約街上的日治時代民宅為民宿而大獲成功的黃絜宜
左／用一抹紅色大門點綴藍色外觀的民宿「連雀通二十三番」。

「說時依舊」這個名字是取自她非常喜歡的臺灣現代作家三毛所作的歌詞，意思是「和過去一樣沒有改變」。民宿裡保存下來的老東西和重新注入的新元素成功地彼此調和。

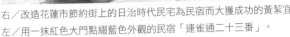

第二間民宿「連雀通二十三番」則是最近才剛開幕的，因為節約街在日治時代稱為「連雀通」，因而以此命名。這裡同樣充滿濃濃的懷舊色彩，一樓面向道路的部分是客廳，呈現臺灣傳統民宅典型的格局。走到二樓，卻是日式風格的房間，是融合臺灣和日本元素的有趣建築，朱紅色的大門很醒目，路過的民眾都會忍不住停下腳步拍張照。

纖瘦的黃絜宜看似內向，其實是個開朗樂觀的人，經歷過許多磨練之後，在言談中展現了她的笑容及堅定的意志，洋溢著對花蓮的滿滿熱情。雖然這次沒有成功住下來，我卻發現節約街儼然成為花蓮文化創意風潮的中心。

同一條街上還有「o'rip生活旅人工作室」，不但販賣當地的雜貨和食品、發想不同的生活方式，還發行在地刊物《o'rip》來介紹花蓮的文化和生活。

此外也有兼營民宿和餐廳的商店「花蓮日日」。販賣簡單又洗鍊的服飾，還可以在併設的咖啡廳內享受輕食的「Olitree」。能親自體驗金屬雕刻的創意飾品設計工坊「翼想花蓮」。以及把過去的印刷工廠改造成咖啡館的「咖啡鋪子」。

不到一百公尺的節約街上，聚集了許多年輕人經營的文化創意店鋪，不過目前還有許多空著的老房子，想必今後會有更多創意商店進駐吧。聽說這裡的地價也因此上漲了不少呢。

有趣的是節約街這個路名，就算想要進到店裡大肆血拚，卻感覺這路名會在顧客衝動購物之前幫忙踩剎車，似乎可以有效避免荷包大失血。

在臺灣各地，除了流行的「文創」以外，「二手書店」也很興盛。

對比東京神田的古書店數量似乎逐年減少，臺灣的二手書店卻像咖啡廳一樣愈來愈多，但是，二手書店真的有辦法賺錢嗎？我不禁感到有些擔心。

而足以代表花蓮的二手書店，是二〇〇三年開幕的「時光二手書店」，由曾經擔任臺灣電視臺記者的吳秀寧所開設，並且蔚為話題。

她之所以會捨棄電視臺的工作，源自一個意外的契機。當時正好在做資源回收專題報導的她看到許多保存良好的書卻被丟棄，因此希望讓這些被丟棄的書有個家。原本就很關心流浪動物議題的她，這次則是為了「流浪書」而決定轉行。

最初幾年的經營狀況不甚理想，一起開書店的夥伴也退出經營團隊，但吳秀寧並沒有因為遭遇挫折而放棄，她改造了有七十年歷史的日式房舍，取名「時光二手書店」，重新出發。店裡不但陳列著許多書籍，她撿到的流浪貓狗也會在店內穿梭，優雅安靜的氛圍逐漸在網路上獲得好評，不知不覺間，就被公認為代表花蓮的文化創意空間了。

幾年前，她另外開了一家可以同時享受輕食和書的茶館「時光一九三九」。這次則是改造了一九三九年建造的日式老屋。儘管藏身在小巷弄裡不容易發現，但庭園裡有踏腳石步道和石燈籠，環境幽靜閒適，而且進入店內還得脫鞋。

整間店溫馨的氣氛讓人自然產生一種回到家的感覺，雖然每個房間的隔板都被撤走了，但是巧妙的設計卻也讓顧客間保有適度的隱密性，店內擺放的長桌、學校桌椅、圓

「時光二手書店」瀰漫著圖書館的氛圍。

桌等都各有特色，相當有趣。

我在這裡點了蔬食三明治，隨意把手伸向牆上排得密密麻麻的書櫃時，不禁嚇了一跳——我在書櫃上看到了我的第一本著作《我的箱子》，而且還是日文版。吳秀寧小姐表示是因為封面很可愛，所以當做裝飾。真是感謝插畫家松尾TAIKO小姐幫我畫了這麼棒的封面。在花蓮的二手書店裡，出其不意的驚喜讓我既開心又感動。

⑱花蓮文化創意（產業）園區
花蓮市中華路 144 號 ☎ 03-8312111
㊖ 9:00 ～ 24:00
http://www.a-zone.com.tw

⑲說時依舊
花蓮市節約街 6 號 ☎ 0918-620-575

⑳連雀通23番
花蓮市節約街 23 號 ☎ 0918-620-575

㉑ o' rip
花蓮市節約街 27 號 ☎ 03-8332429
㊖ 12:00 ～ 21:00
http://orip.wordpress.com

㉒花蓮日日
花蓮市節約街 37 號
☎ 03-831-1770
㊖ 11:30 ～ 20:30
http://hualiendaily.wordpress.com

㉓Olitree
花蓮市節約街 19 號 ☎ 0912-225-415
㊖ 14:00 ～ 22:00

㉔翼想花蓮
花蓮市新港街 41 號 ☎ 0910-660-905
㊖ 14:00 ～ 22:00

㉕咖啡鋪子
花蓮市節約街 8 號 ☎ 03-8322575
㊖ 9:00 ～ 21:00

㉖巷小老宅子
花蓮市新港街 61 巷 7 號
☎ 0953-759-000/03-8330617
改造擁有 80 年歷史的日式老屋做為民宿，位於節約街附近。

㉗時光二手書店
花蓮市建國路 8 號 ☎ 03-8358312
㊖ 13:00 ～ 22:00

㉘時光1939
花蓮市民國路 80 巷 16 號 ☎ 03-8321939
㊖ 9:00 ～ 18:00
㊡ 星期四

※ 請參照第 143 頁的地圖。

保留日治時代的老屋原貌翻修而成的「時光1939」。

移民村的神社——臺灣人的「記憶」

花蓮這塊土地上，曾經有大批日本人居住。他們是農業移民，在日本統治臺灣五十年間，從父親到兒子，從兒子到孫子，歷經三代傳承，在這片土地上生活、扎根。

雖然我的生活據點主要在東京，但我經常來臺灣，有時候是為了工作，有時候是為了來散散心，轉換心情。我一抵達臺北，第一件事通常就是買報紙，看看最近有什麼電影上映。在東京時我幾乎不去電影院看電影，可是不知為何，一到臺北就會瞬間湧起想看電影的念頭。或許是因為交通很方便，而且電影票價不到日本的一半，相當便宜。此外，每一季上映的臺灣電影往往反映了臺灣時下最新的資訊和社會情況，從年輕世代的文化到敏感的政治問題等，範圍廣泛，讓我既能欣賞電影又可以吸收新知，非常受用。

二〇一五年九月，我在臺灣看了《灣生回家》這部電影。「灣生」是指一群戰前在臺灣出生，而戰後被遣返回日本的日本人。

這部電影裡出現了很多曾經住在花蓮的灣生，是一部以尋找童年記憶的尋根之旅為主題的紀錄片，整體結構很嚴謹，感覺就像在看虛構的作品。其中臺詞有九成以上都是日文，我看得非常投入，壓根兒忘了這是臺灣電影。離開了一起長大的兒時玩伴與熟悉的家園，從臺灣被遣返回日本的灣生們，心情上肯定備受煎熬。「臺灣是我的故鄉」，這麼簡單的一句話，卻自然地讓我感同身受，忍不住眼眶泛淚。

我之所以對這部電影懷有特殊的情感，是有原因的。

我的父親在日治時代的臺灣出生，十歲那年到日本本土留學，直到戰爭結束之前，一直都是接受「日本人」的教育。和家人分隔兩地在東京生活的他，也在東京度過了多愁善感的青春期，對父親來說，他的故鄉無疑就是「日本」。即使父親之後從日本回到了臺灣，仍無法適應臺灣的生活而偷渡回到日本。接著，父親在日本生活，和日本女性——也就是我的母親——結婚，生下了我和妹妹。

父親生為臺灣人，卻無法融入臺灣，而選擇了在日本生活。這一點剛好和灣生的處境完全相反，可是他們身上背負的悲情卻很相似。如果父親出現在電影裡，應該會說「日本是我的故鄉」吧。

在我十四歲時，父親離開了人世。我不曾當面問過他對臺灣或日本的想法，卻從他的日本友人那裡得知，戰後父親對於自己一旦回到臺灣可能就無法再和友人相見，以及自己究竟是日本人或臺灣人的身分認同苦惱不已。

日本人，臺灣人，身分認同，戰爭，遣返。

即使想到許多可以反映父親心境的關鍵詞，真實情況卻沒有人知道，因為父親沒有留下半句話就離開了。

「曾經追過兔子的　那座山　曾經釣過鯽魚的　那條河」

電影畫面傳來了歌聲，灣生一邊擦拭眼淚，一邊唱著，彷彿和父親的身影重疊。他們在歌聲中流露的情感和話語，在在都是父親的寫照。

我在日本出生，可是不久就舉家到臺灣生活，直到十一歲才回日本。比起臺灣，我在日本生活的歲月更長，但是在語言、飲食習慣、嗜好等方面，卻經常被說很像臺灣人。最近我經常在想，一個人出生成長的環境和教育確實會影響他一輩子。

花蓮這個地方的平地稀少，西側有三千公尺高的群山聳立，緊鄰太平洋的東側則有海岸山脈橫亙，只有在被這兩側山脈包夾的縫隙當中才出現了聚落，發展為城市。

原住民以外的民族也開始居住在東臺灣，始自一六〇〇年代的宜蘭。之後，有一些人逐漸往宜蘭南邊的花蓮移居，一八〇〇年代起正式有大批漢人來此開墾。日治時代，日本人似乎則是先開發臺東，而花蓮總是被排在後面。

昭和時代初期，曾對臺灣進行調查研究的《日本帝國主義下的臺灣》（矢內原忠雄著）等著作裡，提及要開發東臺灣就必須讓日本移民和原住民同化，而最初加以實踐的就是日本實業家——在臺灣經營建築業的賀田金三郎。

賀田為了解決勞動力不足的問題，在日本各地招募移民，一九〇〇年左右，他在現在的花蓮壽豐鄉成立了臺灣第一座移民村「賀田村」。根據在花蓮的移民村「吉野村」出生長大的日本人山口政治所寫的《不為人知的東臺灣——灣生筆下的另一段臺灣史》一書記載，臺灣移民村誕生的時代背景，是當時在貧窮的農業國家日本，有許多年輕人懷抱著一獲千金的夢想，他們想盡辦法逃離狹小的日本，希望抓住往海外發展的機會。

然而，現實是十分嚴酷的。來到花蓮的他們和有獵頭習俗的原住民經常發生激烈衝突，水土不服的氣候因素也引起許多疾病，移民們陸續返回日本，遲遲無法定居下來。

之後，為了促進日本人與原住民、臺灣人的交流和同化，官方認為應該建立模範移民村，於是一九一〇年在賀田村附近建立了正式的官營移民村「吉野村」。由於許多移民是來自日本德島縣的吉野川沿岸，所以才將這裡命名為吉野村，而最初的移民共有九戶二十人。

繼吉野村之後，接著陸續在一九一三年建立壽豐鄉的「豐田村」、一九一四年建立鳳林鎮的「林田村」等官營移民村，聚集了來自福岡、廣島、熊本等地的日本移民。

在日本內地招募移民時訂立了嚴格條件：移民必須有永住臺灣的覺悟、專精農業、素行良好、持有一定額度的現金等，並能攜家帶眷。相對地，總督府會分配土地、提供房屋等，實施優厚的補助措施，於是日本人陸續移民到花蓮定居。

但是不管給予多麼優厚的待遇，住在自己不熟悉的土地上，付出的辛勞仍舊超乎想像。尤其花蓮的自然條件嚴苛，甚至被說成是「一旦進入就回不來的港」，在這裡不但要擔心毒蛇與瘧疾，偶爾颱風還會把房子給吹走，要在不毛之地無中生有，就必須不斷開墾耕田。

《不為人知的東臺灣》書中記載了很多曾在吉野村生活的日本移民的回憶，以下的詩作就是在描寫當時的情形：

我的故鄉　我的歌（引自黑木勇的〈吉野村開拓民回顧詩〉）

起初沒路也沒家　木柱茅草蓋房子　圍坐燈火吃晚飯

蕃人出草心驚驚　笑容消失吉野村
入住不久白費工　房屋全倒睡街頭　缺糧沒藥無醫生
病患增加離人世　多災多難吉野村
蕃害瘧疾恙蟲病　不同風土新天地　奮勇踏破荊棘路
開拓迄今三十年　終成樂土吉野村
受惠充足光和水　開墾有成吉野村　菸草甘蔗番薯餡
並列譽為村特產　日本寶庫吉野村

這些詩句簡直說出了移民的心聲，是他們在艱困的環境下堅強活下來的最佳寫照。

移民村中的豐田村位於花蓮市以南約十五公里的壽豐鄉，而豐田村的「豐田神社」如今成了中國風格的佛教寺院，距離本殿約一公里處有鳥居，但上面寫著「碧蓮寺」。曾經是參道的兩旁，整齊排列著好幾根柱子，再往前可以看到石燈籠，石燈籠四周有中式迴廊圍繞著，本殿的屋頂上則有好幾條龍飛舞著。寺廟外觀看起來富麗堂皇，入口有神獸狛犬鎮守，裡面則祭拜不動明王，舊神社化身新寺廟，日中融合，形成相當奇妙的空間。

從豐田村再往南大約十公里的鳳林鎮，過去則是移民村「林田村」，村中分為三個部落，許多是來自九州、四國、中國等西日本地區的移民。這一帶多被原生林覆蓋，危機四伏，又缺乏灌溉水源，自然條件相當嚴苛，所以大家都把希望寄託在種植菸草。至今留下了不少乾燥菸草用的「菸樓」建築，舊菸樓的屋頂甚至已經長滿青苔，充滿了歷史感，其中部分的菸樓也還有人居住。

復興路上有很多日治時代的遺跡，特別引人注目的是一九一五年建立的林田神社，馬路兩旁原先是廣闊的農田，接著出現了嶄新的圍牆，圍牆的盡頭赫然是兩座水泥建造的巨大鳥居。參道兩

位於豐田村內的「豐田神社」鳥居，突然出現在路上，和本殿遙遙相望。

旁整齊地用白石子鋪設，還平均配置了石燈籠，並種植櫻花樹，神社境內修復、維護得很好，最裡頭甚至還有神社的圍牆「玉垣」圍繞四周。

伊藤太郎吉、石里敬次郎……儘管也有比較難以辨識的部分，但是仔細看，會發現上面刻著的都是一個個日本人的名字。

沒有看到最重要的神社本殿，只留有通往本殿的樓梯和類似地基的部分，榕樹的樹根穩穩扎牢地基，過去曾經是神社的地方變得空盪盪，彷彿被榕樹吞沒了一般。

「世紀鳳林百年林田紀念碑　一九一四－二〇一四」

入口附近立了一塊紀念碑，這是二〇一四年由當地熱心的民眾發起的重建神社運動，致力於鳥居及周邊環境的整備。

為什麼不考慮重建本殿呢？我詢問了林田神社重建運動的中心人物李美玲小姐。

「我想要仿效吳哥窟。」

這句話說服了我。也就是說，他們要盡可能保存原先的狀態，而重建運動是為了傳達給後世，讓他們知道過去這裡確實曾經存在過一座神社。

她如此說道：

「人是需要痕跡的。」

李美玲從高雄嫁來花蓮，並非本地人。但既然有緣搬到鳳林鎮，加上自己也有小孩，所以才想要好好認識自己村子的歷史。

只是，重建日本神社應該會引起一些人的反彈吧？再怎麼說，在日治時代的臺灣，神社是「日本皇民化的象徵」，因此戰後有段時期面臨了被破壞的命運。

李美玲回答道：

「這是個很困難的問題，但是我們村子裡的老人都很懷念日本時代。對我們來說，只要能傳達像這樣真實發生過的小歷史，那就夠了。」

移民村以前住的是日本人，但為了彌補勞力不足的問題，後來也出現了臺灣移民。在日本人村落的外面形成了臺灣人的村子，彼此之間可能是老師和學生、男女朋友、雇主和員工等，產生了各式各樣的關聯。日本人和臺灣人共同生活，即使到現在，他們之間曾經有過的羈絆還牢牢地記在當地人的腦海裡。

日本人的勤勞和認真，為這片荒蕪的土地帶來了新生命，當官營移民村的營運步上軌道之後，就改為自治經營，轉型成民營移民村，成立了學校、醫院等生活上必要的設施。但其中最重要的、同時也是每位村民心靈所寄託的，也許就是這座神社吧。

日治時代興建的神社有些已經消失無蹤，有些則改為臺灣各地常見的忠烈祠，外觀

位於鳳林鎮的「林田神社」剛修復完成，根據老照片重現了鳥居和石燈籠。

上完全變為中國樣式。很多神社沒有被記載在地圖上，可是往往也會有不少出其不意的發現。

離開林田村，我朝著花蓮最南方的安通溫泉出發，途中經過的玉里鎮上也有一座神社。

日治時代，日本人對原住民實施「理蕃政策」，政策之一是鋪設橫貫臺灣本島東西向的「八通關越嶺道路」，而玉里鎮就是這條路的起點。進入玉里鎮後開車往西走，會看到普通民宅的屋頂突然延伸出細長的鳥居，正當我誤以為這是什麼裝置藝術時，走近一看，才發現鳥居的半邊柱子整個橫跨在道路和民宅屋頂之間。

這裡是一九二八年建立的「玉里神社」遺跡。

我穿過鳥居，沿著道路兩旁的民宅朝樹木生長茂密的小丘陵走，石階往上延伸，我也繼續向前踏步。但階梯陡峭，我爬得氣喘吁吁，爬到上面，終於看到兩座鳥居和石燈籠。從這裡開始是新建的木造樓梯，草木也修剪得很整齊，爬到最頂端，視野突然一片開闊，這裡也和林田神社相同，只剩下社殿地基的一部分而已。

小丘陵全屬於神社的範圍，在最頂端可以遠眺一望無際的玉里平原，實在是個適合欣賞風景的好地方。以前念書時我每年暑假都會去拜訪叔母家，附近也有類似的神社，讓我心裡感到一陣懷念。

推動玉里神社重建運動的是當地的鄉土文史學家、同時身兼教職的黃家榮先生。他出生於玉里鎮附近的瑞穗鄉，而瑞穗鄉是繼吉野、豐田、林田三個移民村之後，規模第四大的移民村。黃家榮偶然得知故鄉的名稱是來自《古事記》裡的「豐葦原瑞穗國」，因此對日本產生了興趣，也投入神社的研究，他的碩士論文便是關於東海岸的神社。每逢週末，他就到花蓮各地的神社探險，一處一處拜訪，最終來到了玉里神社。

在一片荒煙蔓草中，他發現了鳥居、參道、石燈籠等被埋沒許久的神社遺跡。

根據他所蒐集的史料，得知光是花蓮縣境內就有二十幾座神社，可是在他親自尋訪的過程中，也發現有些並沒有被記錄，因此總共至少有五十幾座，只是大半都荒廢了。即使是頗具規模的玉里神社，神社遺跡也完全被遺忘在雜木林裡。二〇〇七年發現了玉里神社後，黃家榮號召了一群熱心人士協助重建，響應的人數超過了二十人。

這群志工每個月會定期來拔草、整理周圍環境，堅持不懈的努力終於受到了重視，讓玉里神社在二〇〇八年被指定為花蓮縣的古蹟。

黃家榮說：「當我發現不為人知、沉睡已久的玉里神社時，感覺是非常神秘的。」而談到玉里神社的存在意義時，他則認為是「讓我們本地人有屬於自己的歷史可以回顧」。

隨著臺灣民主化的腳步來到，新聞報導及言論自由也更加開放，這二十年間，認為自己不是中國人而是臺灣人的「臺灣身分認同」成為主流。也許對在那個時代長大的黃家榮等人來說，重建神社是確認「臺灣人」過往歷史的方式之一。

即使如此，日治時代興建的大大小小數不清的神社，是基於什麼樣的理由、在什麼時候被破壞殆盡呢？

「清除臺灣日據時代表現日本帝國主義優越感之殖民統治紀念遺跡要點。」

黃家榮突然吐出一長串難以理解的話。

一九七二年中日斷交（中華民國與日本斷交），引起國民黨政權對日本政府的強烈反彈，一九七四年二月二十五日，內政部遂發布「清除臺灣日據時代表現日本帝國主義優越感之殖民統治紀念遺跡要點」，許多日本神社因此遭到破壞。

「真的非常可惜啊！」黃家榮如是說。也許到了週末，他又會四處探尋正在某處沉睡的神社吧！

距離玉里鎮不遠的地方有一處安通溫泉，雖然沒有豪華氣派的裝潢，但是泉質優良，是歷史悠久的溫泉地。根據交通部觀光局花東縱谷國家風景區管理處表示，一九〇四年日本人發現這個地方有溫泉湧出，於是把這裡當成總督府與警察廳的招待所。阿美族語是用「Oncio」來形容「硫磺味」，而「安通」就是「Oncio」的漢字。

顧名思義，白濁的溫泉有很重的硫磺味，聞起來相當刺鼻，但是泡完之後，肌膚會變得滑溜溜，全身從頭到腳也都變得暖呼呼，堪稱

「玉里神社」的鳥居有一半是從民宅的屋頂突出來，沿著石階往上走，最深處曾經是神社本殿。

享受到頂級的溫泉。

我浸泡在露天的溫泉池裡，回想著花蓮移民村和神社的種種。

在電影《灣生回家》裡登場的日本人，就像這樣一邊走訪自己過去成長的移民村，一邊重新拼湊一片片有關臺灣的記憶。

和老友再會，走過的路，吃過的食物……。

日本人最初也許是不速之客，但曾幾何時，他們成為在臺灣這塊土地上生活的居民，至少他們是在同一片天空下，和現在的我抬頭看著同樣的星星，一邊努力開墾著。

溫泉SPA設備完善的「安通溫泉飯店」，在水柱的強力衝壓下可以有效改善肩膀痠痛。

「日本人和臺灣人共同生活過，所以有很深的羈絆。」

以前某位臺灣朋友曾經這麼告訴我，而我現在總算有了更深一層的體會。

【光復鄉】

■ 紅瓦屋
花蓮縣光復鄉大全村大全街 62 巷 16 號
☎ 03-8704601
營 11:30 ～ 20:00
阿美族料理的老店，招牌菜色是「石頭火鍋」。

■ 花蓮觀光糖廠
花蓮縣光復鄉大進村糖廠街 19 號
☎ 03-8704125（分機 200）
營 8:00 ～ 20:00　休 全年無休
http://www.hualiensugar.com.tw
曾經是製糖工廠，也有改造自日治時代建築的住宿設施。

【瑞穗鄉】

■ 瑪卡多庭園咖啡
花蓮縣瑞穗鄉溫泉路 2 段 311 號
☎ 03-8870000
營 17:00 ～ 21:00（午餐需要預約）
休 星期三 f
可以吃到各種罕見蔬菜烹煮而成的「蔬菜鍋」。

■ 蝴蝶谷溫泉渡假村
花蓮縣瑞穗鄉富源村廣東路 161 號
☎ 03-8812377
營 9:00 ～ 21:00（園區內）
http://www.bvr.com.tw
森林內的高級休閒度假飯店，還附有溫泉設施。

【玉里鎮】

■ 玉里神社
花蓮縣玉里鎮西邊街 19 巷 62 號

■ 廣盛堂
花蓮縣玉里鎮中山路 2 段 82 號
☎ 03-8882569
營 8:00 ～ 21:50
1905 年日本人傳入羊羹後，由臺灣人改良成這家老店的招牌羊羹。

■ 玉里麵
花蓮縣玉里鎮中山路 2 段 94 號
☎ 03-8881613
營 8:00 ～ 17:00
這間店的「玉里麵」儼然成為玉里的代名詞。

■ 阿嬤の老店燒仙草
花蓮縣玉里鎮光復路 55 號　☎ 03-8882490
營 14:00 ～ 23:00
使用天然仙草、不添加任何防腐劑的仙草凍名店。

■ 橋頭臭豆腐
花蓮縣玉里鎮民權街 15 號　☎ 03-8882545
營 16:00 ～（賣完為止） f
臭豆腐名店。這家店的特色是在臭豆腐上撒上蘿蔔絲和香菜。

■ 安通溫泉飯店
花蓮縣玉里鎮樂合里溫泉 36 號
☎ 03-8886108

【吉安鄉】

■ **吉安慶修院**
花蓮縣吉安鄉吉安村中興路 345-1 號
☎ 03-8535479
㊖ 8:30 ～ 17:00　㊡ 星期一
http://www.yoshino793.com.tw
前身是舊吉野村的傳教所。供奉的主神為弘法大師，也有四國八十八所靈場的神明。

■ **吉野拓地開村紀念碑**
花蓮縣吉安鄉慶豐村中山路 3 段 473 號（慶豐市場後方）

■ **吉野神社鎮座紀念碑**
花蓮縣吉安鄉慶豐村中山路 3 段 475 號

■ **吉安黃昏市場**
花蓮縣吉安鄉慶豐村中山路 3 段 2 號（中山公園前）
㊖ 15:00 ～ 19:00
市場內可以一窺阿美族獨特的飲食文化。

■ **銘師父餐廳**
花蓮縣吉安鄉太昌村明義 6 街 38 巷 22 號
☎ 03-8581122
㊖ 11:00 ～ 14:00/17:00 ～ 21:30
㊡ 每月第二個星期二
http://www.chefming.com.tw
這間時髦的中菜餐廳由宜蘭出生的名廚掌廚，使用的是在地及原住民的食材。

【壽豐鄉】

■ **碧蓮寺（舊豐田神社）**
花蓮縣壽豐鄉豐裡村民權街 1 號
☎ 03-8653579

■ **豐田村（壽豐鄉文史館）**
花蓮縣壽豐鄉中山路 320 號
☎ 03-8653830
㊖ 8:30 ～ 12:00/13:00 ～ 17:00
㊡ 星期一、五和農曆春節

■ **立川漁場**
花蓮縣壽豐鄉共和村魚池 45 號
☎ 0800-007111
㊖ 8:00 ～ 17:00
http://www.lichuan.tw
喜歡蜆的人絕對不能錯過的「黃金蜆的故鄉」。

■ **秘密雞地**
花蓮縣壽豐鄉池南路 4 段 30 號
☎ 03-8651729
㊖ 11:00 ～ 22:00　㊡ 星期三
招牌料理是用整隻雞下去烤的「桶仔雞」，此外也有烤豬和烤鴨。

■ **豐春冰菓**
花蓮縣壽豐鄉壽豐路 1 段 79 號
☎ 03-8651530
㊖ 8:00 ～ 21:00
使用 100% 甘蔗汁的剉冰。

【鳳林鎮】

■ **客庄移民村警察廳（原花蓮港廳鳳林支廳林田警察官吏派出所）**
花蓮縣鳳林鎮復興路 71 號　☎ 03-8762772
㊖ 9:00 ～ 12:00/13:30 ～ 16:30
㊡ 星期一～四

■ **明新冰菓店**
花蓮縣鳳林鎮新生街 26 號　☎ 03-8764168
㊖ 9:00 ～ 21:00
招牌的「三豆冰」是在紅豆、彎豆和花生配料上淋上煉乳。

造訪電影的「故鄉」——港口村

二〇一六年六月，我造訪了花蓮縣豐濱鄉的「港口村」，這個村落位於花蓮市以南約七十公里處，主要居住的是原住民阿美族，而再往南幾公里就是臺東縣。

這次我是因為被電影感動，而想親自走一趟電影的拍攝地。

我到臺灣各地旅行的動機千奇百怪，因為有想吃的美食、為了拜訪朋友、放鬆心情、購物、純粹憑感覺走等，有各式各樣的理由，但為了電影而啟程則是頭一遭。

二〇一五年上映的臺灣電影《太陽的孩子》標榜「真人真事改編」，因為被這一點吸引，所以當時我便在臺北的電影院看了這部電影。電影的舞臺是港口村這個部落，導演則是漢族的鄭有傑與港口村出生的阿美族人勒嘎．舒米（Lekal Sumi）。最初是勒嘎．舒米導演花了兩年時間拍攝了紀錄片《海稻米的願望》，鄭有傑導演看了之後深受感動，主動提議一起拍電影，於是誕生了《太陽的孩子》。這部電影的拍攝便是在港口村進行。

故事描述阿美族的女主角雖然在臺北當記者，心裡卻總是掛念著留在故鄉的父親和兩個孩子，後來她因為父親突然病倒而返回故鄉，才得知部落正面臨觀光飯店開發的現狀。她感念祖先留下的珍貴土地，於是透過復育休耕已久的稻作，重新連結起家人和部落的人際關係。

演員們充滿張力的臺詞和表情，以及背後襯托的田野風景相當迷人。電影裡的每句話都很真實，沒有一丁點虛假，逼真的演技更從大銀幕直接碰觸到觀眾的內心。

電影主題曲〈不要放棄〉由同樣出身阿美族的歌手舒米恩演唱，讓電影的尾聲氣氛更加沸騰。

當我知道勒嘎．舒米導演就住在港口村，便想要親自聽聽他對電影拍攝地以及電影本身的想法，於是我從花蓮市開車沿著海岸線一路往南。

那天我們約在「瀰漫咖啡」見面。

當時眼前連續來了三臺大型遊覽車，停車的地點和我的目的地相去不遠，接著一群又一群的中國觀光客下了車，往海邊蜂擁而去。這一帶是港口，也有一大片海岸階地「石梯坪」，其他還有珊瑚礁、岩礁、奇岩怪石等景觀，能夠欣賞到渾然天成的大自然傑作。連中國人都知道這裡可以眺望太平洋絕景，同時也是賞鯨和露營的人氣景點，又因為鄰近港口、海鮮餐廳多，不愁沒地方享用美食。

咖啡店前有位女士在用藺草編東西，她正是勒嘎．舒米導演的母親舒米．如妮（Sumi Dongi）。她戴著俏皮的報童帽向我展現爽朗的笑容，黝黑的臉龐露出一口潔白的牙齒。她不但是《海稻米的願望》的主角，同時也是《太陽的孩子》的女主角原型。

面向海洋的這一大片土地，曾經有金黃色的稻穗隨風擺動，卻因為缺乏灌溉水源而逐漸荒廢。之後許多外來的商業開發案接踵而至，一方面對觀光發展有所期待，另一方面也擔心生活和環境遭到破壞，當地居民因此陷入兩難。究竟要如何守護祖先留下來的珍貴土地？這時舒米．如妮便站出來號召村民共同復育故鄉的稻作。

正如我所想像的，她是一位內心堅韌、充滿自信且很有個性的獨立女性。此外她在咖啡店旁還擁有一間自己的工作坊，是使用各式各樣的素材來編織作品的工藝家。

「包括自己的兒子在內，我希望未來能夠留給孩子們一些東西。」

我詢問復育稻作的理由時，她這麼回答。

臺灣東部有許多原住民居住的小部落，每個部落面臨的重大問題就是人口不斷外流，因為缺乏就業機會，他們只能夠往都市去。對部落居民來說，一旦蓋了觀光飯店就會有工作機會，也會帶動周邊相關產業的發展，聽起來有百利而無一害。然而，回歸現實層面而言，濫墾亂伐與過度開發會破壞生態系，對於一直以來與自然共生的原住民來說，不只會因此變得一無所有，甚至會把自己的故鄉逼到絕境。

我接著問道，她對於自己的孩子選擇當紀錄片導演有什麼看法。

「我只希望孩子能夠獨立自主，他有他自己的人生，如果遇到困難我也會幫忙。」曬得黝黑的臉笑開來，浮現了一些皺紋，也讓我看見了她為人母的溫柔神態。

「瀰漫咖啡」內視野最好的座位，往外看是遼闊的水田，還可以眺望遠處的海洋。

不知不覺間，勒嘎．舒米導演也悄悄現身了，他和母親比起來膚色較白，感覺落落大方。這間咖啡店是他經營的，店裡瀰漫著帶點酸味的咖啡香，還擺設著漂流木製成的文具用品、手工馬克杯、明信片、生活雜貨等，營造出富有美感的藝文空間。這間店是長方形的平房建築，中央鑿了一個四角形的窗口，卻沒有嵌上玻璃。

坐在這裡，一旁的水田成了背景，構成最動人的自然景致。由於我拜訪這裡的前一個禮拜才剛插完秧，所以秧苗還很短，大概只有十五公分吧，排列得略微雜亂的秧苗，正好證明了是人工插秧。[2]

剛好到了午餐時間，導演帶我到咖啡店對面的餐廳「升火依娜現烤飛魚」用餐。老闆是導演的親舅舅，店裡有將近海捕獲的飛魚用木材點火燻製而成的煙燻飛魚，還有裝在竹筒裡的手握飯和飛魚卵香腸等。後來活潑好客的婆婆還端出一道料理，是導演的舅媽經營的「尬金包廚房」的招牌小吃，在蒸好的紫米裡面包入肉餡的手握飯「尬金包」，吃起來有點像肉粽，非常美味。

原住民比漢人更早開始在臺灣落地生根，他們熟悉臺灣的自然風土，生活裡也充滿了和自然共生的智慧。然而隨著時代的變遷，原住民反而成為少數民族，最後連自己的名字也被迫改為漢名，受到了不平等的對待。

近年來原住民的身分認同意識高漲，因而發起了各種運動，包括從漢名改回原住民名字，以及守護自己的傳統文化等。而勒嘎・舒米導演本身也是從漢名改回了原住民名字。

港口村位於臺灣東部第一大河秀姑巒溪的河口，居民多為阿美族，這片土地以保存完整的原住民傳統而聞名。在一八七七年的清朝時期發生過「大港口事件」，當地居民和清兵發生衝突，在事件中有大量的阿美族人遭到殺害。

順帶一提，秀姑巒溪是臺灣唯一貫穿海岸山脈的溪流，坡度大、水流湍急，從瑞穗大橋到太平洋河口的長虹橋，全長約二十四公里，從上流往下大約三小時的泛舟體驗相當受歡迎，儼然成為夏天一定要嘗試的活動。

雖然我很喜歡刺激冒險的活動，想要親自體驗看看，但礙於停留時間短暫，只好忍痛放棄。

沿著海邊展開的一片水田間，突然蹦出了一棟水泥建築，正是知名的民宿「沙漠風情」。我心裡納悶著會有人想要住在這麼偏僻的地方嗎？一問之下，才發現這幾天竟然都客滿了。

好奇心唆使下，我又拜託民宿主人讓我參觀一下。進到民宿，往窗外望去，彷彿一個人獨占了眼前太平洋的風景，腳下是偌大的綠地，抬頭望去則是萬里晴空，可以呼吸到滿滿的新鮮空氣。這個地方實在太完美了，這樣的環境簡直比高級的休閒度假飯店還要奢侈，希望有一天我也有機會住看看。

而這次我入住的地方，是今年七十七歲的張桂蘭女士所經營的民宿「莎娃綠岸」。

張女士曾經在《太陽的孩子》後半段露臉，飾演為了不讓水田遭到破壞而靜坐抗議的村民。電影中她對著同樣是阿美族出身的年輕警察說：「孩子，你的部落在哪裡？」藉此詢問對方的身分認同，這一幕讓我看了淚流不止。

民宿窗外也可以看到水田，再過去就是大海，眼下這片土地原本是張家所擁有，可是二十幾年前開發業者與政府的觀光部門堅持要開發這裡，想盡辦法取得了土地。在電影裡，村民們奮力挺身保護的水田，就是眼前看到的張桂蘭女士的土地。

「我想到自己的土地被奪走的事，很自然地就脫口說出那句臺詞了。」

張女士如此說道。現在女兒們也繼承了母親的信念，為了保護土地而四處奔走，堅決反對開發。

晚上，我在民宿的房間裡聽到了外面的敲門聲。

「一起吃飯吧！」

那時剛好快到清明節，臺灣人為了祭拜祖先而各自回家鄉掃墓。張桂蘭女士家也有很多親戚從都市回來，因此舉辦了盛大的聚會。大家一邊吃著烤肉，一邊話家常，談著都市的工作與家人的話題。還把只是看了電影就專程從日本飛過來的我當做貴賓招待，煮了好多美味的料理，彷彿要一路吃到天亮。

直到深夜，聚會還在進行，我先行離開回到房間，躺在床上昏昏欲睡時，耳朵聽到了遠處傳來的聲音「嗨依喲呀安～」，是阿美族的爽朗歌聲，就好像是搖籃曲，讓我聽著聽著就進入了夢鄉。

勒嘎．舒米導演在自己經營的咖啡店「瀰漫咖啡」前和母親舒米．如妮合照。

當我要踏上歸途時，勒嘎．舒米導演送了我一袋寫著「海稻米」的米，這是她母親舒米．如妮在稻作復育後所命名的品牌米。我一邊聽著海浪的聲音，心想著梯田所培育的米會是什麼味道呢？回到日本之後，我一定會好好品嚐一番。

2：瀰漫咖啡目前已暫停營業。

經營民宿「莎娃綠岸」的張桂蘭女士。

■ **尬金包廚房**
花蓮縣豐濱鄉港口村石梯灣 117-5 號
☎ 0983-167-268
㊔ 24 小時

■ **升火依娜現烤飛魚**
花蓮縣豐濱鄉港口村石梯灣 117-2 號對面
☎ 0917-000-941

■ **沙漠風情**
花蓮縣豐濱鄉港口村石梯灣 117-1 號
☎ 0911-274-335
http://artofdesert.myweb.hinet.net

■ **莎娃綠岸**
花蓮縣豐濱鄉港口村 4 鄰 2-1 號
☎ 03-8781243

第四章

臺灣的後花園——臺東

回到原點——太麻里

在狹長的臺灣東海岸一帶，對日本人來說、甚至是對臺灣人而言，最陌生的地方大概就屬最南邊的「臺東」吧？當地知名的美食是什麼？從臺北出發要多久的時間？當地也有溫泉嗎？以前，我對臺東同樣沒有半點印象。我沒有親戚朋友住在那裡，因此找不到非去不可的理由，也不記得童年曾經到訪過。

直到因為工作的緣故認識了從事出版工作的林先生，每次遇到我，他都會對我說：

「臺東真的好美、好棒！」

這句話如同咒語般，不斷在我的腦海裡盤桓。

林先生任職的出版社位於臺北，他平時也住在臺北，但在臺東有一棟老農舍，因此一到週末就往臺東跑，過著兩地往返的生活。根據公司員工私下透露，儘管林先生總是散發出穩健沉著的文化人士氣息，可是每到星期五下午，隨著前往臺東的火車時刻愈來愈接近，他就會開始略顯焦躁。到了從臺東回到臺北的星期一，略微黝黑的臉龐上則會堆滿笑容，整個人顯得神清氣爽。

雖然一年只會見上幾次面，但從言談之間可以感覺到，臺東就是他的活力來源——那片土地真的有那麼神奇嗎？因為這個契機，讓我對臺東產生了一絲好奇。

比起臺北、高雄、臺南等西半部城市的旅遊書籍，臺灣書店裡介紹東海岸的書實在不多，有一次我在書店走馬看花時，卻剛好被一本漂亮的書吸引了。

這本書的封面是一位女性站在路上的背影，從地面到天空是藍色的漸層變化，充滿靜謐的美，如夢似幻的氛圍完全符合書名《我的台東夢》。作者徐璐原本是知名的女記者，創辦過電臺，也曾擔任電視臺的總經理等，是一位精明幹練的職場女強人，在媒體界相當活躍。然而，這樣的她有一天卻辭掉了全部的工作，毅然搬到臺東，這個決定當時把所有人都嚇壞了。

翻開這本書一看，字裡行間記述著她被臺東吸引的理由，並穿插著臺東海灘上一波波打上岸的浪花、稻田中央的田埂小徑，以及掛在山腰間的白雲等大自然的照片。

「人生很奇妙，像一個必須回到原點的圓。不論離開多遠、爬到多高，習於追尋自我的人，有一天終究會選擇回到那個原點。」

她曾經穿著高跟鞋出席各式各樣的正式場合，一直以來都以文化人士的立場發言，卻似乎覺得這樣「很不自在」。後來她已鮮少在媒體前曝光，而是將重心放在受颱風重

創的臺東村落重建工作，以及籌備臺東市的藝術空間「鐵花村」，做為原住民同胞表演音樂和展示藝術的地方，用不同的方式，向外界傳播臺東獨特的文化。顯然徐璐在臺東找到了原點，開啟了人生的第二春。

這本書裡收錄的每張風景照都充滿了生命力，散發著靜謐且令人感到舒服自在的氣息，彷彿溫柔擁抱著徐璐這位堅強的女主角。我想臺東的魅力就在於這樣的包容力吧！這些照片和徐璐的文筆如此契合，令我再次對臺東感到心動。

坐而言不如起而行，於是我買來臺東縣地圖打算好好研究一番，但一打開卻當場愣住了——沒想到臺東這麼大。臺東的東部海岸線緊貼著太平洋延伸，往內陸去則是滿布原生林的廣闊山脈地帶，南北長度一百六十公里左右，大約是東京到靜岡的距離，面積則僅次於花蓮縣與南投縣，是臺灣第三大縣市。儘管幅員遼闊，人口密度卻是全臺灣最低的，地廣人稀的土地讓人感到莫名寂寥，也開始有些不安。

前往臺東的方式大致上可區分為航空和陸路。

航空方面是在臺北松山機場搭乘國內線到臺東機場，航程大約一小時。陸路的話則是自行開車，也可以搭乘客運或火車，如果時間充裕，建議搭火車欣賞海岸線和田園風光，東海岸的鐵道之旅在臺灣可是相當受歡迎的。

過去從臺北搭火車到臺東需要六個小時，但是自二〇一四年六月起，連結花蓮和臺東之間的鐵路全面電氣化，普悠瑪號列車從臺北到臺東只要花三個半小時，快速又便捷。對旅人來說，臺東不再遙不可及，而是隨時可以成行的計畫。我喜歡嘗試新鮮事物，因此這次選擇搭普悠瑪號前往。

普悠瑪號所有車廂都是對號入座，乘車日前兩個禮拜就能夠上網預訂車票，但對臺灣民眾來說車票可是「一票難求」，往往一下子就賣光了。「如果妳想要搭星期六的車，從兩個禮拜前的星期五晚上十一點五十分開始，就必須守在電腦前準備搶票了。」

我想起林先生的建議，因此只能一邊揉著惺忪睡眼一邊和電腦奮戰。

我後來買到了車票，按照計畫搭上普悠瑪號時，首先令我感到驚訝的是它的座位設計。不少臺鐵列車的車廂是在左右兩側設置一長排面對面的座位，可是普悠瑪號完全不同。

它是臺鐵向日本的「日本車輛製造公司」下訂單，由愛知縣的豐川製作所製造的，是從名古屋港運來臺灣的「Made In Japan」車廂。尤其車體配備「空氣彈簧傾斜系統」，即使在曲折的東海岸也能夠高速行駛，絲毫不會影響乘坐的舒適度。

在外觀設計上，以白色為底搭配紅色線條，從正面看，很像面部有紅色肉疣並帶些白色羽毛的野鴨，因此有「紅面番鴨」的綽號。車廂內的座位也是以紅色為基調，整體呈現中式風格，因為是調整式座椅，可以調整頭枕的位置，因此就像搭乘飛機商務艙般

在臺灣非常受歡迎的普悠瑪號，醒目的紅色車頭十分討人喜歡。

舒適，此外車廂內也會販賣鐵路便當。

從臺北出發，沿著東海岸到花蓮，這一段路程的風景很接近海岸，讓我想起在日本搭乘江之島電鐵或是伊豆急行線的回憶。眼前的民宅彷彿觸手可及，海岸也離得很近。穿越了幾座長橋，在層巒疊翠的景色之間可以隱約看到田園風光，臺東近在眼前了。

轉眼之間，三個半小時的鐵路之旅就結束了。林先生牽起了我和臺東的緣分，因此一到臺東我便先前往他位於太麻里的住家。抵達臺東車站後，還要搭車往南行駛約二十公里才會到達太麻里，林先生在山腰處有一棟黑瓦白牆的老房子，離海岸線又有一小段距離。

太麻里住了許多排灣族原住民，在排灣族語是指「太陽照耀的肥沃土地」。而且這裡可以看到臺灣本島的第一道曙光，所以很多人會到太麻里跨年看日出。

從客廳的落地玻璃窗往外看去，寬廣遼闊的風景盡收眼簾，真是最佳的眺望地點。一大清早，在好幾層雲層之間，可以看到太陽探出圓圓的臉來，將曙光灑在寧靜的大海上。過了幾小時，原本夾帶熱氣的風又逐漸轉涼，房子周圍則有陌生的鳥鳴此起彼落。

林先生是在太麻里土生土長的。

他穿著短褲和T恤，絲毫沒有在臺北看到的緊繃感。房子後面有一大片果園，他當場摘下一顆亮橙色的大木瓜給我，色澤和大小都令我驚豔，濃郁的自然甜味更在口中迸發。這些受惠於大自然滋潤的水果，用「天賜之果」來形容應該不為過吧。

太麻里一帶可以採收到被稱為「臺東三寶」的釋迦、金針花與洛神花，因而遠近馳名。每年八月到十月，「太麻里金針山」整片山坡都是盛開的橘色金針花海，加上山上容易起霧，霧裡看花彷彿置身桃花源裡，感覺夢幻極了。

林先生終於在自己的故鄉臺東有了第二個家，回到了土生土長的原點，過著充實的生活。

金針花盛開時不但適合賞花，也可以做成美味料理。附近有一些店會販賣炸金針花或金針湯。

被雄偉的大自然包圍的臺東，雖然常被形容為「好山、好水、好無聊」，但許多人在尋找自己的原點時，最終仍會選擇在臺東落腳。

「好無聊」或許是對臺東的讚美，因為在這裡可以很純粹地過日子、過人生，我想，臺東的魅力或許就在於讓人想起家的感覺吧。

林先生的房子，前方望去是太平洋，後方則是果園。

■ **太麻里城堡溫泉會館**

臺東縣太麻里鄉金崙村溫泉 7-2 號

☎ 089-772189

http://tml-castle.ttbnb.tw/

■ **一田屋溫泉小旅店**

臺東縣太麻里鄉金崙村溫泉 34-5 號

☎ 089-772289

http://www.itw.url.tw/

擁有自家溫泉源頭的民宿。

蛻變中的老街——臺東市

臺東縣的地形南北狹長，所以有時候要先看目的地是縣內的哪裡，再來決定要從北邊的花蓮縣或南邊的屏東縣進出。但對新手來說，臺東市的航空門戶「臺東機場」和鐵路中樞「臺東車站」，應該是踏入臺東的最佳捷徑吧。

市區內熱鬧的景點和店鋪大多集中在半徑一公里的範圍內，不過臺東的日照比日本強上好幾倍，如果想要走走逛逛，建議在清晨或是傍晚過後比較合適。

臺東市內的地標是橫亙在西邊的「鯉魚山」，高度約七十五公尺，因為狀似鯉魚而得名，爬上山頂可以眺望整個市區的景色。日治時

代官方在這裡興建了臺東神社，神社本殿的遺跡在戰後則被改建為紀念殉職者的「忠烈祠」。

鯉魚山公園附近的臺東火車站舊站如今也被保存了下來，周圍的環境經過整修之後，化身為展示各式各樣藝術作品的「鐵道藝術村」。遊客可以一邊參觀日治時代的防空壕、火車車廂、倉庫等歷史遺跡，一邊在鐵道上愜意漫步、放鬆心情。

一部分機關車庫則被改造為現場演奏的場地「鐵花村」，提供各部族原住民在此表演，一躍而成知名景點。臺灣的樂壇有很多原住民歌手，他們的歌喉充滿爆發力，清澈嘹亮的歌聲很能撫慰人心。鐵花村的網頁上會隨時更新演出者的情報，有興趣的話不妨調整行程，到這裡接受歌聲和藝術的陶冶也不賴喔！此外晚上的鐵花村燈光

「鐵花村」內很多餐廳和咖啡店都是由老屋改造而成的。

美、氣氛佳，十分浪漫，適合吃完晚餐後來這裡散步消化一下。

臺東以前稱為「寶桑」。這是位於寶桑路上的蛋糕店「帕堤思糕點工坊」的老闆娘黃美利告訴我的。

推開介於綠色和藍色之間的土耳其藍大門，映入眼簾的是玻璃櫃裡令人垂涎欲滴的各式蛋糕。老闆娘黃美利曾特地到日本的「法國藍帶廚藝學校」（Le Cordon Bleu）學習製作甜點，三年前才自己開店。身高約一百五十公分、身形纖瘦的她在店裡忙進忙出，偶爾和顧客閒話家常，臉上純真的笑容像個孩子般，樂在其中的模樣散發出蓬勃的活力。而且她還會不定期開辦蛋糕教室，和

經營「帕堤思糕點工坊」的店主黃美利母子，店裡有舒適的居家氣息。

兒子同心協力經營這家店。

「帕堤思糕點工坊」是臺東市區有口皆碑的美味蛋糕店，每一種口味的蛋糕都很經典，吃過的人都豎起大拇指稱讚不已。店裡的招牌是檸檬戚風蛋糕，但蘋果派也讓人很難割捨，喜歡甜食的我貪心地同時點了這兩種，沒兩下子蛋糕就通通進了我的五臟廟。

關於寶桑的地名由來眾說紛紜，其中最具說服力的說法是原住民族群中最大的阿美族族語「Pusong」的漢字表記，意指「山丘」。長久以來，東臺灣被稱做臺灣的「後山」（尚未開拓的地方），而在日治時代正式建立村落後，從戰前到戰後發展最熱鬧的，就是今日的「寶桑路」一帶。

寶桑路的南端連接太平洋，七〇年代以前很多居民從事漁業，有些人會把捕到的漁獲清蒸過後擺在路旁販賣。此外，在花蓮砍伐的木材會利用載貨鐵路運送到臺東加工，因此這裡也曾經有許多家木材加工廠。

當時從火車上卸下來的木材還用牛車搬運，日以繼夜，鋸子和加工機器的聲響不曾停歇。寶桑路上那時甚至也有電影院，剉冰和麵食等小吃攤一字排開，一到傍晚就湧現擁擠的人潮，熱鬧滾滾。

黃美利以懷念的口吻細數著記憶中的繁華景象，「我在這一帶有很多回憶。」她說

右／喜歡仙草的遊客千萬別錯過「仙草屋」。

左／「瘦仔羊肉店」的藥膳湯頭喝起來濃郁甘甜。

道。其實，她的老家就在蛋糕店附近，隨著時代變遷，人潮逐漸往臺東舊火車站流動，寶桑路於是變得沒落。

而從帕堤思糕點工坊往南則有家仙草專賣店「仙草屋」，根據記載，仙草具有消暑降火及滋養強壯的功效，除了是藥用植物，也可做成甜點食用。舉凡仙草凍、仙草黑糖糕、仙草霜淇淋、仙草茶、仙草冰、燒仙草等，店內的產品全都是仙草製成的，像我這麼喜歡仙草的人當然抵擋不了誘惑。這裡的仙草吃起來天然美味，沒有奇怪的味道，絕對值得品嚐看看。

吃完甜食，接著就想換個口味來點鹹辣的食物。斜對面正好有家「瘦仔羊肉店」，是六十年老字號的羊肉專賣店，對於一大早就想吃肉補元氣的人來說再合適不過了。老闆每天早上會在店前仔細把羊肉和骨頭剔開，因為夠新鮮，所以連羊腸、羊腰子、羊心等罕見的部位也都有，精心燉煮過的羊肉加入藥膳湯頭裡，吃起來完全沒有羊羶味。

再往南走，和瘦仔羊肉店同一邊有間小吃店，黃色看板上用藍色和紅色顏料寫著「寶桑小吃蚵嗲」，十分醒目。所謂的「蚵嗲」是將小顆蚵仔和蔬菜裹上粉漿油炸，一口咬下，外皮酥脆，內餡多汁，是嘴饞時可以墊墊肚子的小吃，也可以沾上特製醬料食用，口感和日本的炸天婦羅不太一樣。這裡常常一開店就湧現排隊人潮，相當受歡迎，除了蚵嗲，還有炸豬排、魷魚、地瓜等，一個頂多二十五元，堪稱味美價廉。

吃飽喝足之後，不妨到「寶町藝文中心」散個步吧！這裡原本是一九三六年興建的日治時代舊市長官舍群的一部分，戰後很長一段時間無人居住且年久失修。二〇〇〇年官方提出了老建築修復計畫，現在改造成臺東市政資料展示中心以及藝文交流空間。此外，寶町藝文中心後面還有一些老建築，如今則成了民宅。

朝著臺東舊火車站往回走，在大同路和正氣路一帶也聚集了不少美食小吃。大同路上的「榕樹下米苔目」和「老東台米苔目」賣的是傳統米食「米苔目」，吃起來滑溜彈牙，口感類似烏龍麵。這兩家都是五十年以上的老店，店裡使用的柴魚高湯完全抓住日本人的胃口，讓人想起日本關西地區的碁子麵溫和的高湯風味。這兩家店的菜單差不多，味道也難分勝負，不妨視營業時間或排隊情況來決定吃哪一家。附近有一間專賣地瓜蜜、地瓜酥和碳烤地瓜的「楊記家傳地瓜專賣店」也很有名，人潮總是絡繹不絕。

正氣路上有二十幾家水果攤，因此又稱為「水果街」。這裡有一間專賣湯圓的名店「寶桑湯圓」，有清涼的剉冰和熱騰騰的甜湯兩種吃法，往往一開店就大排長龍。另外我還要介紹臭豆腐名店「林家臭豆腐」，很多日本人可能光是看到「臭豆腐」三個字就退避三舍，但當做被騙也好，請一定要去吃吃看。剛好一口大小的臭豆腐一點也不臭，反而有點像中式料理裡的炸豆腐，吃起來酥脆可口，只要嚐過肯定會改觀。

「榕樹下米苔目」香甜的柴魚湯頭是抗拒不了的誘惑。

接著，我想推薦「台東帆布」和「東昌帆布」，販售的是由帆船專用的防水粗帆布製成的包包。這兩間店的上一代老闆是兄弟，之後各自出來開店，主要以條紋樣式的帆布為主，還有許多不同尺寸和款式的包包，甚至有人稱它為「臺東ＬＶ」，可見相當有人氣。

此外臺東還有座大型主題公園「卑南文化公園」，這是臺灣第一座新石器時代的遺跡，被視為臺灣考古學史上最大的發現。另一個景點則是一九一三年建造的臺東最大產業遺跡「臺東糖廠文化創意園區」。卑南文化公園位於現在的臺東車站附近，目前依然持續挖掘遺跡，對喜歡考古學的人來說是充滿魅力的地方。而沿著鐵花村的鐵軌一直往西北方前進，就會抵達臺東糖廠文化創意園區。在日治時代遺留至今的製糖工廠倉庫內，展示販售著原住民手工打造的琉璃珠藝品和漂流木家具，還有隱身在倉庫裡的咖啡館兼餐廳「萬富商號」，二樓有露天陽臺，可以眺望鐵路和田園風景，讓人一坐下來就不想離開了。

臺東市內的住宿一般是選擇普通的商務飯店或民宿，但因為我個人偏好風格獨特的地方，因此預約了離市區大約十五分鐘車程的民宿「飛碟屋」。

飛碟指的就是ＵＦＯ，這棟木屋的建築概念是當地震發生時可以完全吸收搖晃的能量而不致毀損，而且外觀真的就像浮在半空中的飛碟，第一眼看到時真是令人驚豔。裡頭的房間分為四人房和兩人房各兩間，我入住的當晚沒有其他客人，等於把整棟民宿包

了下來，四周是寬廣的庭園，花花草草維護得很好，這樣的住宿體驗實在很難在其他地方享受到。如果覺得住在市區比較方便的話，也可以考慮開設在舊臺東車站鐵軌旁的民宿「鐵道村」，和飛碟屋是同一個老闆，麻雀雖小五臟俱全的房間十分舒適，乾淨整潔的環境更是加分不少。

和其他都市相比，臺東市經常被認為缺乏觀光資源，但是近年來，位於四維路的日治時代臺東高等女學校教師宿舍等建築被登錄為歷史建築，正在進行修復工作，有望帶動觀光發展，為老街注入新的活力。而且市區裡要租借自行車也很方便，不妨騎著自行車到處逛逛，蛻變中的街道值得你深入發掘。

❶鯉魚山（忠烈祠）
臺東市博愛路 506 號 ☎ 089-324437
㊣ 5:00 ～ 20:00

❷鐵道藝術村
臺東市鐵花路 369 號 ☎ 089-320378

❸鐵花村
臺東市新生路 135 巷 26 號 ☎ 089-343393
http://www.tiehua.com.tw

❹帕堤思糕點工坊
臺東市寶桑路 172 號 ☎ 089-343484
㊣星期三～日 13:00 ～ 21:00
㊡星期一～二
http://patisserieworkshop.weebly.com/

❺仙草屋
臺東市寶桑路 148 號 ☎ 089-323313
㊣ 16:30 ～ 23:00 ㊡全年無休

❻寶桑小吃蚵嗲
臺東市寶桑路 135 號
㊣ 14:30 ～ 18:30 ㊡全年無休

❼瘦仔羊肉店
臺東市寶桑路 189 號 ☎ 0933-370-443
㊣ 6:30 ～ 13:30 ㊡全年無休

❽寶町藝文中心
臺東市中山路 182 號 ☎ 089-340407
㊣ 9:00 ～ 12:00/14:00 ～ 17:00
㊡星期一、農曆春節、端午節、中秋節

❾老東台米苔目
臺東市大同路 151 號 ☎ 089-348952
㊣ 11:00 ～ 22:00

❿榕樹下米苔目
臺東市大同路 176 號 ☎ 0963-148-519
㊣ 9:30 ～ 15:00/17:00 ～ 20:00
㊡隔週的星期三、四

※請參照第 196 頁的地圖。

⓫楊記家傳地瓜專賣店
臺東市大同路 149-1 號 ☎ 089-335818
㊣ 10:00 ～（賣完為止）
㊡全年無休
http://www.yangpotato.com

⓬寶桑湯圓
臺東市正氣路 189 號 ☎ 089-328888
㊣平日 14:30 ～ 22:30
星期六、日 13:00 ～ 22:30

⓭林家臭豆腐
臺東市正氣路 130 號 ☎ 089-334637
㊣平日 14:00 ～ 22:30
星期六、日 12:00 ～ 22:30

⓮台東帆布
臺東市正氣路 202 號 ☎ 089-322915
㊣ 9:00 ～ 21:00 ㊡星期日

⓯東昌帆布
臺東市正氣路 192 號 ☎ 089-322678
㊣ 9:00 ～ 21:00 ㊡星期日

⓰卑南文化公園
臺東市南王里文化公園路 200 號
☎ 089-233466
㊣ 9:00 ～ 17:00
㊡星期一、農曆除夕和春節

⓱臺東糖廠文化創意園區
臺東市中興路 2 段 191 號 ☎ 089-227720
㊣各店鋪的營業時間不一

⓲萬富商號
臺東市中興路 2 段 191 號 ☎ 089-233590
㊣ 11:30 ～ 21:00 ㊡星期三

⓳飛碟屋
臺東市成都南路 424 巷 29 號
☎ 0919-873-298

⓴鐵道村
臺東市新生路 359 號 ☎ 0937-397-551
http://flying2.taitungbnb.net/index.html

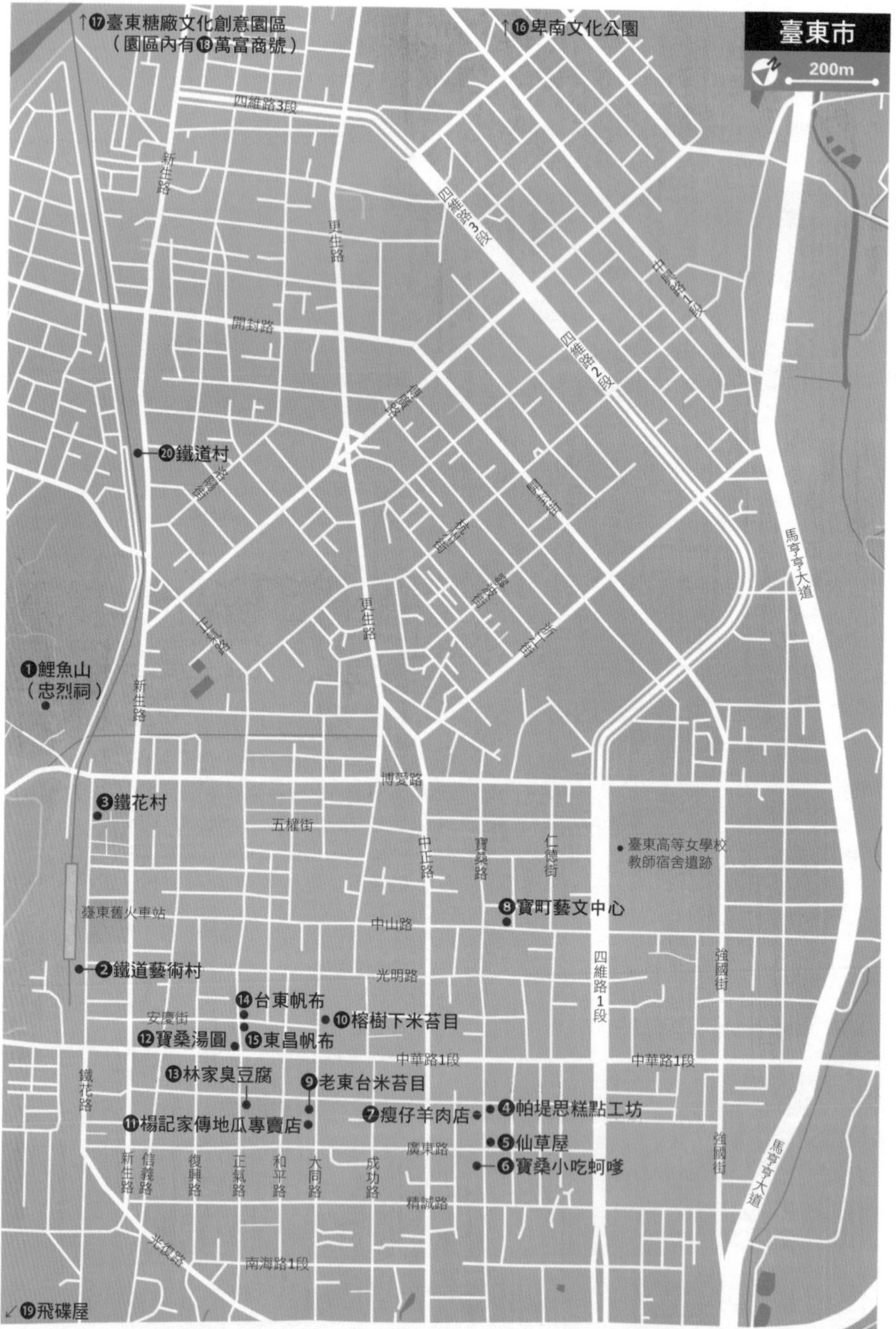
臺東市
200m
↑⑰臺東糖廠文化創意園區
（園區內有⑱萬富商號）
↑⑯卑南文化公園
四維路3段
新生路
更生路
四維路3段
中華路2段
開封路
四維路2段
⑳鐵道村
更生路
馬亨亨大道
①鯉魚山
（忠烈祠）
新生路
博愛路
③鐵花村
五權街
中正路
寶桑路
仁德街
臺東高等女學校
教師宿舍遺跡
臺東舊火車站
⑧寶町藝文中心
中山路
四維路1段
強國街
②鐵道藝術村
光明路
⑭台東帆布
⑩榕樹下米苔目
安慶街
⑫寶桑湯圓
⑮東昌帆布
中華路1段
中華路1段
鐵花路
⑬林家臭豆腐
⑨老東台米苔目
⑦瘦仔羊肉店
④帕堤思糕點工坊
⑪楊記家傳地瓜專賣店
⑤仙草屋
廣東路
⑥寶桑小吃蚵嗲
強國街
馬亨亨大道
新生路
信義路
復興路
正氣路
和平路
大同路
成功路
精誠路
光復路
南海路1段
↙⑲飛碟屋

腳底按摩的神之手——長濱

每次到臺灣，我一定會去做腳底按摩，即使行程滿檔也會抽空前往。走進腳底按摩店後先泡個腳，接著店員會拿給我一份介紹腳底穴位和相關臟器的足部反射區圖，如果按到某個讓我表情糾結的地方，他就會指著圖上的部位跟我說：「這是代表眼睛疲勞喔！」、「妳的腸胃不太好」之類，等到過了痛苦難耐的一個小時之後，下半身的疲勞便會徹底消除，穿上鞋子時甚至覺得腳小了一號呢。

臺北市內有好幾個腳底按摩店林立的激戰區，包括中山北路上的「臺北晶華酒店」後面、年輕人聚集的「西門町」，還有道教廟宇「行天宮」一帶。而我常去的，則是臺北車站旁邊大樓內的「知足健康」。

店內的按摩師傅是有四十年經驗的謝武夫、他的太太陳選和女兒謝孟純，其他的員工也都是親戚，因為這裡可以用日文溝通，所以很多家日本媒體都曾介紹過。我喜歡店裡舒適居家的感覺，從第一次光顧到現在也將近十年了。

尤其我和女兒謝孟純年齡相近，很有話聊。有一次我在按摩時告訴她下次要去臺東玩，她便說：「吳神父就在臺東喔！」她的父親謝武夫是吳神父早年的弟子，我確實好幾次留意到掛在牆壁上、像世界地圖般用不同顏色標示的足部反射區圖一角寫著「吳神父」三個字。

「吳神父」是腳底按摩的「創始者」，本身也是瑞士籍的天主教神父。

我原以為他只是傳說中的人物，早已經不在人世，沒想到他依然健在，而且還在臺東的教會服務。我很想一睹神父的廬山真面目，於是謝孟純告訴了我他的聯絡方式。

吳神父所在的「長濱鄉」是人口七千多人的聚落，位於臺東市最北端與花蓮縣的交界處，不管是從臺東市或花蓮市出發，開車都要花上足足兩個小時才能抵達。我來到位在鎮上一隅的天主教教會，神父出來迎接我，還用流利的中文對我說「歡迎」。原來瑞士的腳底按摩專家就在這裡，臺東真是個臥虎藏龍的地方啊。

吳神父本名Josef Eugster，中文名字則是「吳若石」，他創始的腳底按摩流派「若石流」便是以此命名。除了母語德文和英文，他還學會了中文、臺語和阿美族語，並身兼八所鄰近教會的神父，工作非常繁忙。在我拜訪時，也不斷有附近居民來教會找他。

一九七〇年，吳神父為了傳教而來臺定居，但是傳教和腳底按摩究竟有什麼關聯呢？他看我滿臉疑惑，於是拿出了一本紅色書皮的舊書給我看。

書名是《未來的健康（*Gesund in die Zukunft*）》。

這是用德文介紹腳底按摩健康法的書。書中在足部的圖案上標示著每個「反射區」的編號，詳細記載和身體部位的關聯性。所謂的「反射區」就是和身體或內臟連接的末梢神經集中的地方。

大約三十八年前，吳神父突然罹患嚴重的類風溼性關節炎，同樣是神父的瑞士籍同事曾經當過護理師，因此給了他這本書。他日復一日按照書上的指示按摩自己的腳底，大約兩個月後疼痛就完全消失了。

吳神父一邊向當地村民傳教，一邊用自己親身體驗而學到的按摩法給人按摩，

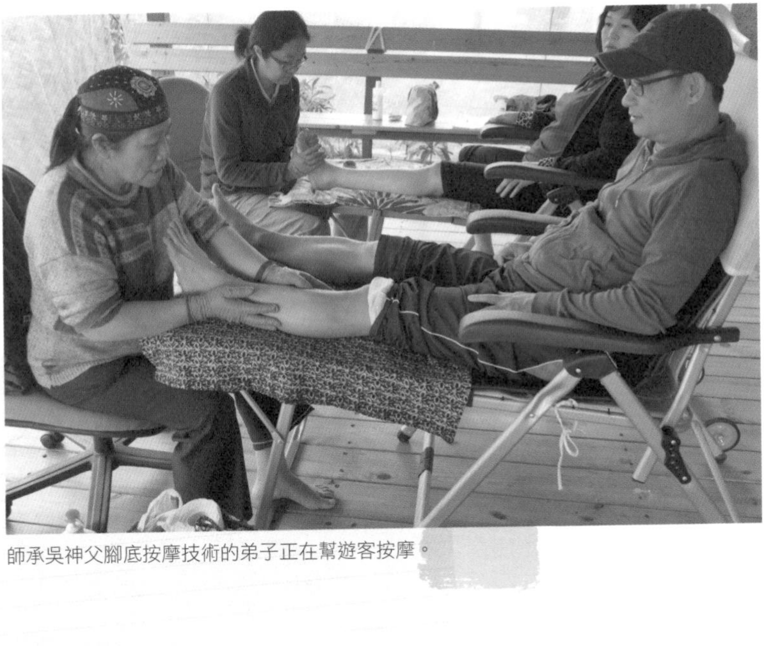

師承吳神父腳底按摩技術的弟子正在幫遊客按摩。

在醫療資源不足的貧窮山村裡，吳神父的「治療」相當受歡迎，被譽為「奇蹟」而名聲遠播。

就在吳神父深受類風溼性關節炎困擾之際，住在臺北的音樂老師鄭英吉則飽受胃潰瘍及腳底腫脹之苦，但在他開始幫自己腫脹的腳底按摩之後，胃潰瘍竟不再復發，他也因此對腳底按摩產生了興趣。他聽說吳神父在臺東研究腳底按摩，於是來此和吳神父會面，兩個人一拍即合，開始同心協力鑽研腳底按摩。最後，終於結合了吳神父的西洋技術和鄭英吉的東洋陰陽五行概念，融合歐美和中華的元素，開發出臺式的腳底按摩理論。

吳神父分享自己對腳底按摩的熱情。

吳神父表示：「很多人關心的是健康，因此即使去傳教，最初聽到的都是『神父，我頭痛』或是『我的手舉不起來』之類的問題。雖然我不是醫生，但我想如果身體沒有病痛了，心靈的問題就好解決，也會比較容易接受神的教誨。」

他的「治療」從偏僻的臺東鄉下瞬間

傳遍了全臺各地，遠近馳名，但是在一九八五年，衛生署認為這項行為「無科學根據」而下令禁止，後來吳神父親自和故前副總統謝東閔會面，當面陳述腳底按摩的安全性和效果，政府才終於撤銷禁令。

「腳底是身體的縮影，也是人體的奧秘之處。」

吳神父和鄭英吉共同投入研究，包括新的學說在內，彙整出版了關於足底反射區的《吳神父足部健康法》一書，這本書被視為腳底按摩的聖經，已經在全球數十個國家翻譯出版。

腳底按摩以亞洲為中心向全世界傳播，吳神父則以腳底按摩「傳教士」的身分，為了演講或研修課程在世界各地飛來飛去，甚至在八年前應邀回到他的故鄉瑞士介紹腳底按摩，還定期舉辦演講。

教會的院子裡擺了幾張摺疊椅，方便進行露天的腳底按摩。這裡採取預約制，不只吳神父，部落裡受教於神父的年輕子弟們也一起加入。

「要享受看看嗎？」

在吳神父的推薦下，我找了張椅子坐下來體驗腳底按摩，幫我按摩的是吳神父的弟子，一位遠從越南嫁來臺灣的新移民女性。一邊按摩一邊看著一望無際的蔚藍天空，因為太過舒服，我差一點就睡著了。

「古埃及壁畫與中國古書裡都曾記載按摩腳底的行為，足見這是一種歷史悠久的健康療法。能夠迅速普及就代表受到大眾肯定，現在研究腳底按摩的人很多，比我厲害的人比比皆是，我的本業是神父，腳底按摩則是傳教的踏腳石，把人們的身體治好了，最後就會連心靈也痊癒。」

走出教會時，吳神父帶我到一處靠近海邊的地方，聽說不久的將來，這裡會成立癌症患者以及需要心理治療的村民也可以利用的設施。吳神父的腳底按摩還增加了部落的就業機會，讓居民的生活得以安頓下來。

長濱鄉的空氣新鮮，有和緩的登山步道，也有可以游泳的地方，已經七十六歲的吳神父說：「這裡就像是故鄉，是我的小瑞士。」如今他還是每天騎著摩托車到教會報到，實在是灑脫又率性。

從長濱回到臺東市途中，我順道去了成功漁港。或許因為童年時期是在被海環繞的臺灣長大的，我特別容易被漁港吸引，很喜歡去走走看看。而且在漁港除了可以大啖我最愛的海鮮，還能看到許多稀奇古怪的魚類，像是長相兇惡的魚或是愣頭愣腦的魚等，也是一大樂趣。

位於臺東縣北部的成功漁港是東臺灣最大的漁港，除了普通的近海魚類，還能捕獲順著黑潮而來的鮪魚、旗魚和鰹魚等大型魚類。

此外遊客也會來參觀下午開始的魚貨拍賣。首先從小型魚類開始，之後才換大型魚類登場，捕到的漁獲會分門別類搬到磅秤上測量，量好的魚上面會放一張紙，寫上船名和重量。市場裡簇擁的人群已經開始喊價競標了，而名花有主的魚上面也會再放上一張紙註明。

清澈的「紅目鰱」鮮魚湯，香氣四溢、鮮甜美味。

地面溼答答的，我正擔心鞋子受潮時，兩位大叔扛著可能超過一百公斤的鯊魚經過，笑著對我說：「擔心也沒用啦！」和稍微一恍神就會被大聲斥責「小心看路！」的東京築地市場不同，這裡不拘小節的氣氛，顯得親切多了。

眼前有外表看起來像花枝、但嘴巴異常尖銳的粉紅魚類，也有像熱帶魚般一身鮮黃色的魚種，還有很多完全不知道名字的魚。其中最引人注目的，是魚頭好像被撞到般腫大又有點「戽斗」的魚，腹部金光閃閃、體長約一公尺，請教漁市場內的人，才知道這是「鬼頭刀」。鬼頭刀魚如其名，老實說長相不太討喜，這一點似乎有些無辜。它在日本稱為「鱰」（Shiira），非常罕見，但是在夏威夷則稱為「Mahi-Mahi」，是餐桌上常見的魚料理。

成功漁港周邊有很多海產店，可以吃到當天捕獲的海鮮，我點了「紅目鰱」做成的「鮮魚湯」，紅目鰱魚身細長、魚肉軟嫩，非常適合煮魚湯，味道相當鮮美。臺灣的漁港能夠像這樣依照顧客的喜好來烹調漁獲，真是讓人心花怒放。我看了一眼時間，不知不覺已經在漁港待了兩個小時了——漁港果然是個令人流連忘返的好地方呢。

■ **長濱天主堂**
臺東縣長濱鄉長濱村 258 號
☎ 089-831428

■ **大胖子柴魚專賣店**
臺東縣成功鎮五權路 59 號
☎ 089-851006
㊕ 8:00 ～ 22:00
水產加工品專賣店。

■ **大慶柴魚食品**
臺東市成功鎮中山路 62 號
☎ 089-851133
㊕ 8:00 ～ 21:00
http://www.dachin1985.com.tw/zh/product.html
水產加工品專賣店。

自行車之旅＋便當體驗——關山・池上

我的腦海裡突然浮現了一首旋律。

清爽地吹著綠色的風　握著把手　心情也飛揚了起來
騎著自行車　騎著自行車　呀～喝～　呀～喝～　♪

小坂一也，〈青春自行車〉

這一天，我在臺東關山的「關山環鎮自行車道」努力踩著踏板，吹著徐徐微風，嘴裡不自覺地哼唱：「騎著自行車，騎著自行車……」這是昭和時代出生的日本人都耳熟能詳的歌曲，當然也包括我在內。

位於臺東北部的關山，受惠於肥沃的平原和豐沛的雨量，是臺灣首屈一指的穀倉地帶。每年一月中旬，農田裡種滿油菜花，就像鋪設了一整片黃色絨毯。一旦開始插秧，綠色面積又逐漸擴散，顏色也會日漸加深。不久，經過陽光的洗禮，稻穗隨風擺動，就

像有點厚重的天鵝絨，稻浪一波接著一波，閃閃發亮。

要盡情享受風光明媚的大自然，騎自行車是最合適不過的了。開車時往往會不小心錯過的風景，一旦騎上自行車，想不留意也難。

在關山，出租自行車的店有好幾家，而我是到「捷安特關山站」租借的。日治時代建造的關山舊火車站改建後，在二〇〇八年成為臺灣自行車大廠捷安特的自行車出租站。舊車站建築落成於一九一九年，採用十九世紀法國公共建設經常使用的中央五角形近半圓的屋頂（Mansard roof），淺粉紅色的壁面搭配墨綠色的屋頂，外觀可愛俏皮，就像是座落在巴黎街角的時髦公寓。

在出租站裡，供兒童和大人騎乘的自行車整齊排列著，登山車或公路車都有，安全帽和自行車服等配備也一應俱全，甚至有衛浴設備可以使用。

為了和綠色的田野互相襯托，我於是選了亮眼的黃色自行車，努力踩著踏板往前衝。

顧名思義，關山環鎮自行車道就是環繞關山鎮一圈的自行車路線，也是臺灣率先建立的自行車道，一圈總長十二公里，約莫一個小時可以騎完全程，屬於輕量級的路線。

從關山鎮的市中心往東騎三分鐘，就可以看到自行車道的入口，雖然沒有地圖，但是隨處可見清楚的路標，所以不用擔心。

往逆時針方向騎的話，會發現和緩的自行車道兩旁種植了一整排椰子樹，洋溢著南國風情。但仔細一看，這些樹的樹幹比椰子樹細、葉子也比較小，原來這是一條檳榔樹小徑呢。騎乘在涼爽的檳榔樹樹蔭下，感覺相當舒服。

沿路有大人帶著小朋友騎自行車，發出喀喀的聲響；還有老爺爺騎著淑女車，自顧自地踩著踏板，一路上沒有看到半個表情痛苦或不悅的人，大家都很享受自行車的樂趣。

開闊的水田讓人感受到鄉間的恬靜，我是四月到訪的，由於兩個月前才剛插秧，因此田間一片茂密且綠意盎然。

騎上緩坡的坡頂，那裡有個景點可以瞭望整個關山鎮的景色。我把自行車停好，做個深呼吸，面向眼前的風景，將兩手的手心併攏，整個小鎮彷彿都被我收納在掌心裡。民宅像四角形的積木般排列著，天上的白雲如棉花糖般輕飄飄地掛在對面的山頭。

像這樣眺望一望無際的遠方景色，是多久以前的事情了？平常低頭注視的手機畫面，和水田與田埂形成的田園風景完全無法相比。

我再度騎著自行車出發了。沿著上坡路段繼續往前，途中遇到了售票亭，繳了五十元，接著就是下坡。騎到一半，「草莓冰棒」四個大字映入眼簾。

我正好覺得口渴，於是停了下來。一位農家阿伯叫賣著：「剛採收的新鮮草莓，很好吃喔！」感覺很有生意手腕。每一口都吃得到草莓果肉的冰棒，果真是手工製作的味道，令人相當滿足。補充能量之後，我踩著腳踏板一口氣衝到終點。一個小時的自行車之旅，既舒適又愜意。

騎完車之後，整個人神清氣爽，可是肚子也咕嚕咕嚕叫了。關山的特產除了這條自行車道，還有名聲響叮噹的關山便當。

關山車站前有個偌大的招牌寫著「關山便當」，我不假思索走進店裡，這是一家從一九七〇年營業到現在的便當老店，收銀檯後一整面牆壁都堆放著便當空盒，一天可以賣出這麼多的便當，相當驚人。

我點了「排骨便當」，分量十足的白米飯，加上炸排骨、青菜、黑輪、香腸和醃嫩薑等好幾樣配菜，只賣八十元，「經濟實惠」或許也是關山便當受歡迎的原因吧。白米飯吃起來香Q有彈性，可能是因為身體疲累的緣故，帶些胡椒香和鹹味的菜脯也美味極了。

日治時代，日本人把便當文

打開關山的「排骨便當」一看，上面的配菜多到幾乎完全蓋住白飯。

化帶入臺灣，當時是用放涼的米飯和配菜製作的。中文的「便當」兩個字是從日文「弁当」的發音「Bento」而來，便當的中文發音是「Biandang」，臺語發音則是「Benton」，和日語比較接近。

日本的便當是吃冷的，但臺灣的便當是溫熱的，關山便當當然也是熱騰騰的。看到堂堂的大人們全神貫注、埋頭苦吃便當的景象，實在很有趣。

當我騎著自行車要去歸還時，看到路旁出現排隊的人潮，許多自行車都停在這間「曹記豆花」的店門口。店裡的顧客幾乎都是點豆花，但因為天氣很熱，所以我貪心地點了豆花和黑糖冰，兩種都既消暑又美味。

「好吃嗎？」

身材纖瘦的女店主人問道，可能是看我一副吃得很開心的樣子吧！這家豆花好吃到讓我隔天又去報到。在臺灣旅行，只要區區的幾百日圓，就可以享受到目不暇給的美食，實在令人難以抗拒。

說起臺灣，很多人可能會聯想起多到快淹沒道路的機車車流，然而，現在的臺灣已經產生了很大的變化，各縣市有規劃完善的自行車道，儼然成為一座「自行車之島」。

這都要歸功於堪稱臺灣之光的自行車大廠捷安特，也就是我在關山站租借自行車的店鋪。捷安特積極向臺灣政府提議設置的自行車專用道「環島一號線」，已經在二〇一五年底開通了。

東海岸的主要幹道上，四處可見「環島一號線」的路標，全臺的重點地段也都會設置捷安特的據點，提供自行車出租或維修服務，還成立了負責安排環島行程的旅行社。尤其捷安特導入的臺北市微笑單車「YouBike」租賃系統，對遊客也來說相當方便。推動臺灣的自行車文化，捷安特實在功不可沒。

我本身也是捷安特的愛用者，在位於日本世田谷區二子玉川的捷安特海外分店買了我的愛車，平常買東西或是散心時就會派上用場。

離開關山鎮，經過卑南溪，大約十五分鐘車程即可抵達池上，這裡也有和關山齊名的觀光自行車道，而當中最有名的景點非「金城武樹」莫屬了。這棵樹曾經出現在長榮航空的電視廣告裡，由臺日混血的知名演員金城武代言。以萬里晴空和翠綠農田為背

大受歡迎的金城武樹前面總是聚集了很多拍照的遊客。（臺東縣政府提供）

景，他在鄉間小路上瀟灑地騎著自行車，並且在水田旁的大樹下休息，如詩般的畫面引起了廣大的迴響。

這棵「金城武樹」就矗立在池上的「伯朗大道」上，廣告曝光之後，專程來拍照留念的遊客絡繹不絕，路旁還立著「距離金城武樹還有兩公里」的牌子。因為假日經常湧入大批遊客，所以還會實施交通管制。

金城武樹前人滿為患，樹幹圍著繃帶，一旁立著告示牌寫著：「我受傷了！」這棵樹在二〇一四年曾被颱風連根拔起，後來特地聘請日本的樹醫生加以「治療」，幸運保住「一條命」，不但恢復了生機，如今更是鬱鬱蒼蒼。

不管是哪一個國家，都有善於挖掘商機的生意人。池上的自行車出租店也看準金城武樹帶來的觀光人潮，從電動自行車、有頂篷的自行車，到一人至四人用的自行車等，種類豐富齊全，周邊甚至出現了賣飲料跟點心的小店。一支廣告的影響力如此無遠弗屆，著實令人吃驚，但最感到吃驚的也許就是那棵金城武樹吧。

「現在沒有風，時間也晚了，騎電動自行車比較合適啦。」

在出租店阿姨的推薦下，我半推半就地借了電動自行車。在臺灣體驗了生平第一次的電動自行車，雖然車身很重，可是速度快，輕鬆了不少。

池上的農田和關山相比，一塊地的區劃面積較廣，放眼望去都是綠油油的稻田，讓人充分感受到「數大便是美」的震撼。地面上連一根電線桿都沒有，所以沿途也沒有電線，我停下電動自行車，站在路旁盡情張開雙臂擁抱大自然的美好。藍天、農田和腳下的柏油路面彷彿融為一體，感覺自己在沒有界線的天地間浮游，連心情都變得像金城武（！）那般了。

流經池上農田的水是日治時代一九二一年開鑿的灌溉溝渠，日本人留下的農業遺產在臺灣孕育出名聲響亮的「池上米」，附近還有公共洗衣亭「田邊俱樂部」，是過去利用溝渠的水洗衣服的地方，此外更有臺灣唯一的淡水沼澤「大坡池」等景點。

池上鄉也有便當，知名度還比關山便當高出許多，即使是臺北市區也常會看到「池上便當」的招牌，幾乎可以說是便當的代名詞，在臺灣無人不知、無人不曉。池上便當的故事可追溯自一九四〇年，住在池上的臺灣人李約典和林來富夫妻在池上車站前販賣起「番薯餅（芋餅）」，日復一日，而他們的兒子李丁寶也在池上車站當挑夫。

當時，搭火車從花蓮到臺東需要八小時，李丁寶的太太陳雲為了用美味的食物滿足這些因舟車勞頓而飢腸轆轆的旅客們，於是開始製作「飯包」販賣。那是一九四八年的事了，她在月臺叫賣飯包，捏製好的飯糰放上豬肝或雞里肌、梅乾、黃蘿蔔後用竹葉包起來——池上便當的原型和日本的三角飯糰便當實在非常相似。

騎著自行車馳騁在關山和池上的街頭巷尾是很愉快的體驗，而且不同的路線各有不同的樂趣，用自己的雙腳踩著踏板，流著汗、乘著風的感覺非常好，讓旅途更顯充實。運動完後品嚐道地的知名便當，也是這段旅程的一大魅力。

原本對自行車興趣缺缺的臺灣人，現在一到週末，就會帶著自行車搭捷運或開車到郊外的自行車道，全身上下都換上騎車裝備，迎著風享受大自然的美景。根據統計，平均一天有兩千多人會花七到十天挑戰「環島」，其中也不乏來自海外的自行車愛好者。此刻我也在臺東騎著自行車，在熱風的吹拂下，感覺心都要著火了……真希望有一天可以挑戰全長近一千公里的「環島」行程。

❶捷安特關山站
（GIANT自行車出租店）
臺東縣關山鎮博愛路 6 號　☎ 089-814391
㊝ 星期五 9:00 ～ 18:00
星期六、日 8:00 ～ 18:00
㊡ 星期一～四

❷關山便當
臺東縣關山鎮和平路 83 號
☎ 089-811100　㊝ 8:00 ～ 20:00

❸源昌關山便當
臺東縣關山鎮民權路 1-5 號
☎ 089-811246　㊝ 8:00 ～ 20:00

❹曹記豆花
臺東縣關山鎮和平路 124-1 號
☎ 089-814539　㊝ 13:00 ～ 21:00
㊡星期一、四

■ 關山臭豆腐老店
臺東縣關山鎮信義路傳統市場內
☎ 089-812148
㊝ 9:00 ～（賣完為止）　㊡ 星期四
好吃到要排隊的臭豆腐店。

■ 關山肉圓老店
臺東縣關山鎮中華路 60 號
☎ 089-811396
㊝ 6:00 ～ 15:00　㊡ 星期三
除了招牌的肉圓，還有餛飩和肉燥飯等小吃。

■ 關山鎮天后宮
臺東縣關山鎮中華路 2 巷 1 號
☎ 089-811137
㊝ 5:00 ～ 22:00
擁有 80 幾年歷史的媽祖廟。

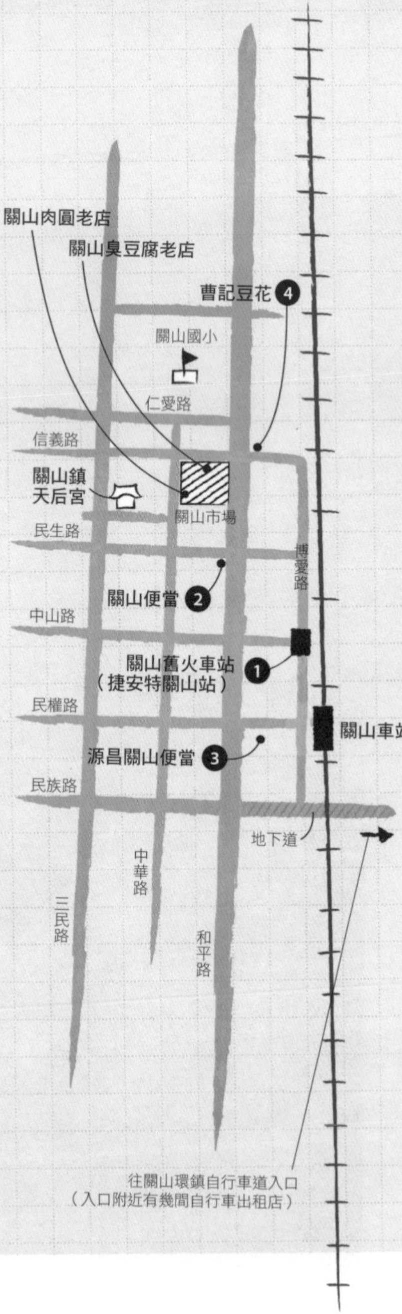

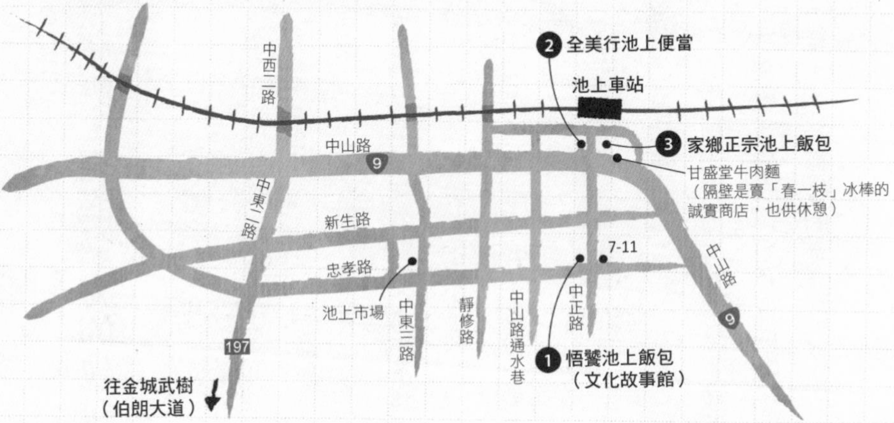

❶悟饕池上飯包（文化故事館）
臺東縣池上鄉忠孝路 259 號
☎ 089-862326　㊎ 8:00 ～ 20:50
http://www.wu-tau.com

❷全美行池上便當
臺東縣池上鄉中正路 1 號
☎ 089-862270
㊎ 6:30 ～ 20:00

❸家鄉正宗池上飯包
臺東縣池上鄉中正路 4 號
☎ 089-863521　㊎ 8:00 ～ 19:00

■ **金城武樹（伯朗大道）**
縣道 197 往西的直線道路錦新 3 號道路上，
周圍立著看板。

海岸線上充滿魅力的包包——東河

「這個包包妳是在哪裡買的？」

平常我很少會主動這樣問，但因為一眼就看上了臺北的朋友拿的包包，所以不禁脫口而出。

米白色的天然麻料配上相當精緻的手工編織，讓我忍不住借來背背看，舒服的觸感和適中的背帶長度都很吸引我。尤其包包的設計和各種服裝都很搭，沒有任何多餘的裝飾，就是一個很簡單的托特包，卻散發出高雅的品味，包包本身的重量也剛好突顯出存在感。

標籤上寫著「棉麻屋 Made in Taiwan」幾個字，我沒有聽過這個品牌，但這家包包的風格的確與眾不同。

打開家裡的衣櫥，一字排開幾乎都是白色、黑色、深藍色、米白色等素色的衣服。當然我偶爾也會選擇有花樣或顏色明亮的衣服，但是最後終究會回到基本款式。包包也是一樣，因為喜歡的款式都很類似，所以後來也搞不清楚究竟擁有幾個，其實有點困擾。

朋友經常說：「阿妙喜歡的好像是MUJI那一類的風格呢。」MUJI指的就是無印良品，可能我給人的印象就是愛用無印良品的東西吧，事實上也確實如此。而棉麻屋的手提包其實就有點類似無印良品的極簡風格，所以才令我一見鍾情。一般來說，日本人喜歡像無印良品這類簡約的設計，可是一海之隔的臺灣可就不同了，過於簡單的設計會被認為單調而打入冷宮。

在臺灣的街道上，可以看到許多布滿紅色與金色的廟宇，人群裡也不時出現打扮亮麗的婆婆媽媽，她們會穿著螢光粉紅或鑲滿亮片還搭配碎花圖案的衣服，雖然是不太可能會在日本出現的時尚風格，但是能夠穿出個人品味也很厲害。而且很多人的包包或者帽子上都有醒目的圖案。

我偏好簡單的風格，可是經常遇到喜歡的款式上印有不喜歡的圖案，只好忍痛放棄。

可是棉麻屋的托特包不同，沒有任何累贅花俏的元素，所以深得我心。

「我在臺東的東河買的喔！」朋友這麼說。我知道臺東，可是沒聽過東河，查了一下地圖，發現確實有些距離。可是，我的物欲偶爾也會戰勝食欲，於是暗自下定決心，如果有機會去臺東，就一定要繞去東河。

從臺東機場出發，開車沿著海岸線北上，一路上是碧海藍天和翠綠的山景，令人心曠神怡。同樣是在臺灣，卻和臺北那一片總是泫然欲泣的灰濛濛天空大不相同。

我開車前往棉麻屋所在的東河，一邊欣賞沿途景色，一路向北。道路兩旁的綠意逐漸變得濃密，椰子樹也變多了。我在途中停下車拍照，透過鏡頭看過去的景色，宛如夏威夷的熱帶風情。

在到達目的地之前，我偶然聽到了另一段沉睡在臺東海岸線上的包包故事。

當時我看到路旁有家店在賣帆布做的小書包，上頭寫著「都蘭國小」四個字，讓我突然想起二〇〇九年馬英九前總統上任後不久，夫人周美青在機場為女兒送機時，也是背著紅色小書包，上面則是白色的「都蘭國小」字樣。這段畫面在電視上播出之後，這一款寫著鄉下小學校名的小書包突然備受矚目，生產工廠湧入了大量訂單，「都蘭」這個地名也因此聲名大噪。

就在我停下車在店門口看包包時，店員跟我分享了一段軼事。

在二〇〇七年上映的電影《最遙遠的距離》中，擔任女主角的桂綸鎂是曾經獲得金馬獎最佳女主角獎、在中國和香港都非常活躍的實力派女星。而這部電影是圍繞在上班族、錄音師和精神科醫生之間的故事，經歷了人生挫折的三名男女各自朝著臺東的海岸前進，開啟一段尋找自我的旅程。男錄音師持續寄送錄音帶給在臺北的前女友，裡面錄製的「聲音」，正是電影的主軸。許多聲音都是在臺東的海邊或山上錄下來的，海浪聲、風聲以及樹葉沙沙的聲音，隨著影像撼動了每一位觀眾的心。

這是林靖傑導演的第一部電影長片，獲得了許多電影獎項的肯定，而裡頭登場的精神科醫生在現實中確有其人，而且就住在都蘭。

他就是才華洋溢的藝術工作者、前途備受矚目的陳明才。原本住在臺北的陳明才有一天突然離開了臺北，舉家搬到臺東都蘭，他捨棄了工作，和原住民一起投入戲劇活動的發展，甚至挺身對抗無視原住民傳統而強行開發的業者，為保存都蘭文化四處奔走。身為摯友的林靖傑導演，看著他一路走來的身影，於是以他為原型設定了精神科醫生的角色，並寫下《最遙遠的距離》的劇本。

但是，電影開拍前的二〇〇三年，陳明才卻在都蘭的海邊跳海身亡了。有人認為他是深受憂鬱症所苦，也有人覺得是電影遲遲無法開拍而使他的心情受影響，或者是出於對開發業者的無力感和對地方的責任感等，引起了不少臆測。不管如何，導演想要拍攝由陳明才演出的精神科醫生一角的願望，最終化為雲煙消逝了。

後來在陳明才投海的地點附近找到了他經常使用的「都蘭國小」書包，電影界的朋友們為了表達對他的思念，也一同背起了「都蘭國小」的書包。雖然少了陳明才的演出，但是電影本身受到很高的評價，是一部代表新時代臺灣電影的作品。

單純的一個小學書包，卻累積著許多人的思念……。

我就這樣沿途走走停停，最後終於來到了「棉麻屋」。這間店比我想像的還要小，而且沒有招牌，讓我一個不小心走過了頭，只好再折返。

拉開了玻璃門，白色、米白色、黑色的帽子和包包井然有序地排列著，室內被涼意和精油香氣籠罩著，就像來到了英國或南法的小型藝術工坊。

「都蘭國小」的紅色小書包，有不同的尺寸和顏色供顧客挑選。

「我是龍惠媚。」

眼前的這位女性穿著白襯衫搭配米白色長褲，俐落地綁著一束黑髮。不少藝術家很適合戴上有個性的眼鏡，而她淨白的臉更襯托出經典的黑色粗圓框眼鏡，是比我想像中還要幹練的女性，我也希望自己到了這樣的年齡可以散發同樣的氣質。

棉麻屋位於東河鄉隆昌村，這塊土地是原住民阿美族的居住地，較為人所知的是紅黃相間、色彩鮮豔的民族服飾，以及善於歌唱與舞蹈的特點。而老闆龍惠媚本身也是阿美族出身的。

她過去是在醫院當護士。

「我以前一直待在醫院的開刀房縫合病患的傷口。」

十年來她日復一日面對血淋淋的畫面，使用羊腸線細心地為患者縫合傷口。從開刀房的緊張和壓力解放之後，她避開了鮮豔的顏色，為了尋求心靈上的平靜，而選擇用棉或麻這類色澤天然的素材。

開店到現在即將邁入二十五年，然而要獲得社會大眾的廣泛認同是需要時間的。一開始，她利用醫院工作的空檔，手工編織帽子或

「棉麻屋」的老闆龍惠媚女士熱情地分享對包包和故鄉東河鄉「隆昌」的想法。

包包參加編織比賽，或是當禮物送給同事。

由於原住民的手工藝品總是固定使用「鮮豔的色彩」，她的作品卻以素雅的色調為主，因此有段時期以「不符合原住民風格」為由而不受評審青睞。即使如此，她仍堅持利用阿美族的傳統編織手法，再配上自己獨特的技法，後來總算逐漸受到肯定。

而努力不懈的她也終於等到幸運之神來敲門。二〇一〇年，曾在臺灣各地興建飯店的麗緻餐旅集團總裁、有「觀光教父」之稱的嚴長壽對她的作品一見傾心，為了讓龍惠媚發揮最大才能而給予了全方位的協助。

她買下了原本租用的老房子，並著手改造這棟擁有八十年歷史的日式房屋，原本昏暗的室內在改善採光之後變得明亮，她與生俱來的美感讓店面脫胎換骨。她後來辭掉了醫院的工作，搖身成為「棉麻屋」的店主人，全心投入作品的編織。

嚴長壽積極向國內外的貴賓介紹龍惠媚的作品，並且帶客人到棉麻屋參觀。臺灣知名設計師「JAMEI CHEN」陳季敏也被她的編織品吸引，還在自己的店裡販賣棉麻屋的作品。

一針一線編織著棉麻商品來販賣，需要大量的時間和體力，於是部落的原住民媽媽們也來幫忙，隨著作品的人氣水漲船高，幫忙的人數也從十人、二十人持續增加，現在總共有三十九人共同投入編織作業。

臺灣的農村正面臨嚴重的人口流失問題，龍惠娟童年記憶裡的隆昌村其實是相當熱鬧的，但是現在年輕人幾乎都到都市生活，部落裡突然變得很安靜。

對於留在故鄉的人來說，現實是十分嚴峻的，很多人失去了工作機會、經濟陷入困境，因此她一直希望能讓自己居住的部落重新繁榮起來。

出於對故鄉和部落的愛，她說不管店裡的生意再怎麼興盛，也不會開分店。

「我希望大家看到棉麻屋的包包會想起這個部落，能夠再回來光顧。回到這裡，親自拜訪這些編織媽媽們的

簡樸素雅的「棉麻屋」包包，全都是當地原住民手工編織的。

家。」

龍惠媚給了自己二十年的期限，誓言要在這段期間把「棉麻屋」變成國際性的品牌，不只是為了自己，更是為了部落的未來，這個堅定的想法成了她力量的來源。

店裡的包包每一個都是我喜愛的款式，即使用消去法也難以取捨，讓我陷入了天人交戰。東拿西拿總共選了六個包包，分別背在肩膀上照鏡子比對，這些包包彷彿爭相在對我說：「我才是最棒的！」

猶豫到最後，我的眼角餘光突然瞄到放在店門口的假人模特兒，模特兒肩膀上掛著一個包包，似乎正在呼喚著我。亞麻色的手提包加上細長的黑色真皮把手，我正想伸手拿下來的時候，龍惠媚面有難色地走到我身旁，用有點難為情的口吻對我說：

「其實那一個……我希望能夠留在店裡。」

這個包包是龍惠媚自己親手編織的作品，也是她最喜歡的一個，不但沒有棉麻屋的標籤，還盡量擺在店裡不顯眼的地方，沒想到還是被我發現了。我喜歡得不得了，完全無法移開視線，儘管她口中直嚷著好可惜，最後還是決定賣給我了，並且當場縫上棉麻屋的標籤。

「下次記得帶這個孩子回來逛逛喔。」

店裡所有作品都是龍惠媚的孩子，他們不只在臺灣移動，甚至到法國、澳洲、加拿大旅行，穩定地成長茁壯。

我買下的這個包包也「移居」到了日本的家裡，裝著我的筆電和筆記本，每天都精神飽滿、努力不懈。只不過臺灣的媽媽可能會感到寂寞，我差不多該帶著包包返鄉探親了——那麼，這一次又要帶哪個孩子回來呢？

隆昌的包包，都蘭國小的書包，臺灣的東海岸有許多充滿魅力的包包正在向你招手呢！

■ **東河包子**
臺東縣東河鄉東河村南東河 420 號
☎ 089-896369　㊇ 6:00 ～ 19:00
販賣東河村的招牌包子。

■ **熱帶低氣壓**
LowPressure surf & guesthouse
臺東縣東河鄉東河村南東河 108 號
☎ 089-896738
http://www.easttaiwan-surf.com
民宿老闆是喜歡衝浪的日本人。

■ **麵包與巧克力倉庫**
Bread & Chocolate Warehouse
臺東縣東河鄉隆昌村 236 號
☎ 0909-301-199
㊇ 9:00 ～（賣完為止）　㊡ 星期一～四
販賣麵包、巧克力和披薩的咖啡店。

■ **我在玩-玩冰箱**
臺東縣東河鄉隆昌村 188 號
☎ 0960-706-209
㊇ 7:00 ～ 19:00
棉麻屋旁的咖啡店。

■ **棉麻屋**
臺東縣東河鄉隆昌村 162 號
☎ 089-541028
㊇ 10:00 ～ 18:00　㊡ 星期一

■ **馬利諾廚房**
MARINO'S KITCHEN
臺東縣東河鄉都蘭村 436-3 號
☎ 089-531848　㊇ 9:00 ～ 18:30
老闆是義大利人，是間非常受歡迎的麵包店。

■ **都蘭食堂**
臺東縣東河鄉都蘭村 436-2 號
☎ 089-531810　㊇ 11:00 ～ 20:00
義大利餐廳，是馬利諾廚房的姐妹店。

■ **新東糖廠文化園區**
（都蘭紅糖文化藝術館）
臺東縣東河鄉都蘭村 61 號　☎ 089-531212
㊇ 10:00 ～ 17:00 ㊡ 各店鋪的營業時間不一
改裝紅糖工廠而成的觀光景點。

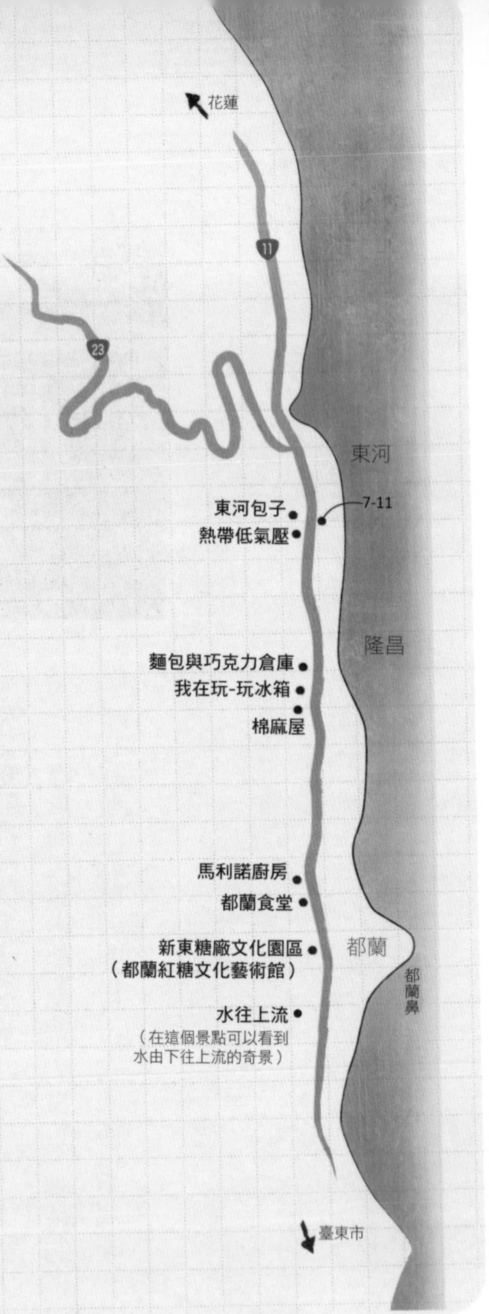

巧遇中國觀光客——知本溫泉

我很喜歡溫泉，如果有空，往往會去東京都內的「Super錢湯」——也就是豪華一點的大眾澡堂泡澡，偶爾也會到箱根或湯河原這樣的知名溫泉鄉住宿泡湯。我特別鍾情於源泉直接從地底流入泉池的溫泉，一聽聞哪裡有「秘湯」，就會不辭千里前往體驗。我的DNA裡可能天生有喜歡溫泉的基因，這一點或許是來自日本血統的部分吧。

事實上，臺灣的溫泉絲毫不遜於日本，從北到南四處都有溫泉源源湧出，堪稱溫泉大國。臺東的「知本溫泉」被列為臺灣四大溫泉之一，屬於碳酸氫鈉泉，又被稱為美人湯而名聞遐邇。然而，知本溫泉在日本之所以會聲名大噪，也許是因為電視新聞播出的那一段「倒塌畫面」吧。

知本溫泉一帶是原住民卑南族的居住地，據說很早以前就發現了溫泉，直到日治時代才設立公共浴池而發展成溫泉區，沿著流經山谷之間的知本溪畔，便有溫泉湧出的源頭。

二〇〇九年八月六日到十日，莫拉克颱風登陸臺灣，帶來驚人的雨勢，尤其以八月八日的災情最為慘重，故稱為「八八水災」。

知本溫泉區原本就緊鄰溪流，而且山坡上林立著大大小小的溫泉飯店。八八水災發生時，持續降雨使溪水暴漲、堤防潰堤，岸邊的商店很多都被沖走，六層樓的老飯店「金帥飯店」還因地基被掏空而整棟應聲倒塌，橫躺溪中。伴隨著巨大的水花而倒塌的衝擊性畫面也在日本播出了，讓人深刻感受到人類在面對大自然的力量時，其實既渺小又無能為力。

連日本人也慕名而來的知本溫泉。

我第一次到訪知本溫泉剛好是在八八水災發生前不久，這裡的泉質十分潤滑，能夠滋潤皮膚，不愧是歷史悠久的溫泉區。

二〇一六年，八八水災過後七年。我久違地再度造訪，發現當時飯店倒塌的河岸一帶變得完全不同了。和先前相比，堤防變長也加高了，河川附近的商店銷聲匿跡，而溫泉區入口的「溫泉橋」下游因為泥沙淤積，砂石車忙進忙出，工程規模浩大。這裡目前正在興建更加安全穩固的大型橋梁，才不會像以前那樣，遇到河水高漲時就要封橋。

另一方面，飯店業者也因為這樣的災害而獲得重生的契機。

一九九一年開幕的「知本老爺大酒店」是知本唯一榮獲五星級評鑑的飯店，傲視群雄，不過這裡的老飯店一間間面臨著年久失修的問題，許多飯店進行了全面性的整修，溫泉區的整體氛圍因此有所提升，比以前更加精緻，像是「ㄚㄧㄚ旺溫泉渡假村」這類擁有戶外游泳池或SPA、適合全家入住的休閒度假飯店也增加了。附帶一提，「ㄚㄧㄚ旺」（A-YA-WAN）在卑南語裡是酋長的意思。

在溫泉區的飯店和餐飲店工作的員工幾乎都是當地的原住民，所以可以發現很多人的輪廓都很深。

在知本溫泉區，我最推薦的是「知本金聯世紀酒店」。這間溫泉飯店曾經一度關閉，經過整修後才重新開幕，位置接近溫泉橋，以灰白色為基調的外觀簡單俐落，建築物本身也相當具有設計感。

這間飯店特別吸引我的是屋頂上的露天浴池，把身體浸泡在偌大的長方形浴池裡，看著眼前翠綠的山林，宛如悠遊在山中秘境。此外也有按摩浴池、冷泉浴池、三溫暖設備，讓喜歡溫泉的我一早醒來寧願不吃早餐也要繼續去泡湯。

而且我在這裡還遇到了一段有趣的小插曲。

一般來說，當客人要走進露天浴池的時候，飯店員工會跟著到個人的更衣間，從全裸泡湯、不要攜帶毛巾入內、事先淋浴到脫掉拖鞋等，把泡湯規則一一說明清楚。當時雖然心想這些規則我再清楚不過了，實在無須多做說明，但直到我入浴之後，才赫然發現員工的細心叮嚀是有道理的。

我在浴池裡聽到了一段對話，口音和臺灣人的中文明顯不同，是中國大陸特有的捲舌音——顯然我遇到了一群中國遊客，她們大聲喊著：「這水太燙了！」加上可能沒有全裸在公共浴池泡湯的習慣，所以她們似乎都有些無所適從。如果飯店沒有耳提面命地提醒，也許中國人真的會裹著毛巾、穿著拖鞋，大剌剌地走進浴池裡吧。

我猜她們可能是跟著旅行團來玩，所以一整團的人一起泡在浴池裡，人數多，嗓門也大。原本靜靜享受溫泉的臺灣人因此蹙起眉頭，最後急忙起身離開了。

中國遊客的視線於是落在我身上，她們問道：「妳是臺灣人嗎？」

面對幾位阿姨的詢問，我不假思索地點頭說：「是啊！」沒想到她們接著就開始連珠炮似地讚美臺灣，說「臺灣的食物真好吃」、「海景太棒了」、「空氣很新鮮」等等。這個旅行團是來自四川省成都的員工旅遊，大家都是第一次來到臺灣，因為來過的朋友都說好，所以她們充滿了期待，還跟我分享這幾天印象深刻的地方。

中國遊客到臺灣旅行，大致上都是安排一個禮拜的行程，其中也有不少是環臺一圈的團體旅遊。對於住在內陸地方的中國人來說，能夠看到太平洋的臺灣東海岸，簡直是連做夢也想不到的夢幻景點。

雖然中國人的大嗓門經常被當成噪音，可是對於一輩子可能就來臺灣這麼一次的他們而言，如此亢奮高昂也無可厚非。

「我們一路看著花蓮的海來到知本溫泉，大海真的很美呢，這大概是我人生中最愉快的經驗吧。」

這位阿姨臉上的笑容洋溢著滿滿的幸福。

我很慶幸自己能夠遇到這些阿姨，讓我對中國觀光客的印象有些改觀，她們來到臺灣享受風景、美食和文化，率直地說自己喜歡臺灣——或許正是由於在浴池裡袒裎相見，所以我們才能有這樣的對

「知本金聯世紀酒店」屋頂上的露天浴池，風景宜人且開闊。

話吧。

大概因為大部分的住宿客人都會在飯店裡用餐，也或許是溫泉區的餐廳少，在這裡想要品嚐美食就要到離溫泉區有一段距離、往知本車站方向的鬧區（知本路三段一帶）。

我的私房名單裡有好幾家店，我尤其推薦大家中午吃「屏東肉圓」、晚餐吃「黑松羊肉爐」，因為我在這兩家店吃到了驚為天人的美味料理，絕對讓你不虛此行。

「肉圓」是臺灣的本土小吃之一，是用澱粉揉成皮、裡面包著肉餡蒸熟食用。店門口看板上的「屏東肉圓」已經完全褪色了，店員也沒有很積極招攬生意的感覺，但是肉圓的材料可是堅持真材實料，每天把米磨成米漿，從皮開始細心製作。老闆是位穿著西裝褲搭配白襯衫的中年男性，我鮮少看到小吃店的老闆穿得這麼正式，加上他總是板著一張臉，因此我最初不太敢主動搭話。直到去過店裡好幾次，終於鼓起勇氣問道：

「你還記得我嗎？」

「妳很久沒來了。」

沒想到態度冷淡的老闆還記得我。老闆一年裡只開店幾個月，剩下的時間就把賺來的錢用在一個人環遊世界，之前他曾經去過日本，接下來則計劃要去歐洲。我私心盼望

店主的外表看似頑固，但「屏東肉圓」的好味道可是一枝獨秀。

下次來知本溫泉的時候，老闆能夠開店營業而不是出遠門旅行，這樣我才有口福啊！

店門口放了個很大的蒸籠，一打開，裡面滿是蒸好的肉圓，彈性十足的肉圓皮加上飽滿鮮美的肉餡，再淋上滿滿的特製甜辣醬料和蒜末，一口氣吃上三顆也不成問題。菜單上有大碗、中碗、小碗三種選擇，還有四神湯，店內只賣這兩種小吃。由於深受當地居民喜愛，通常中午過後就賣光了，老闆也就會拉下鐵門休息。雖然還不敢問老闆的名字，但下次有機會我一定會問問看。

至於「黑松羊肉爐」則是使用臺灣羊肉的小吃店，這間店的「羊肉爐」有著其他家沒有的獨特風味。

他們的湯頭是由數十種中藥長時間熬煮

而成，因此色澤濃黑，只要在湯裡放入帶骨的羊肉、高麗菜、豆腐就能完成這道簡單樸實的火鍋。羊肉入口即化般軟嫩，黑色湯頭不鹹也不辣，而是各種中藥材燉煮過後溫和高雅的味道，相當清甜。

在臺灣有所謂「食補」的概念，不管是寒冬時節、坐月子或大病初癒，都需要補充體力，所以會透過攝取營養價值高的食物來補身子。羊肉本身具有暖身的功效，可以預防身體冷熱失調時引起的咳嗽或慢性支氣管炎等不適的症狀。營養滋補的羊肉加上中藥材熬煮的羊肉爐，就是最厲害的「食補」了。

泡溫泉、吃有益健康的料理，感覺和日本以泡溫泉進行療養的「湯治」有異曲同工之妙。

這麼說來，在臺灣體驗不同的「湯治」，其實也很不錯喔。

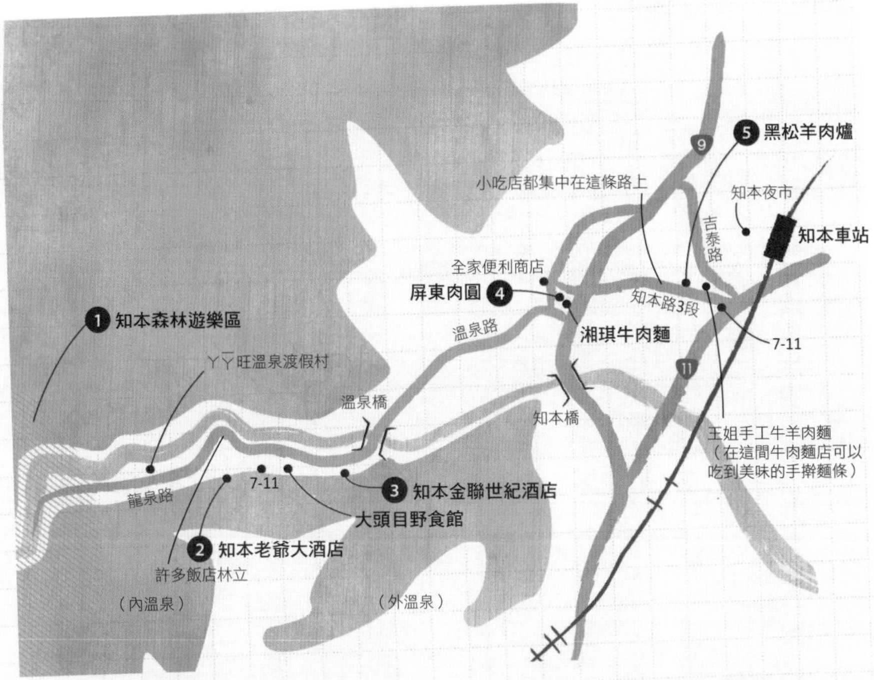

❶知本森林遊樂區
臺東縣卑南鄉溫泉村龍泉路 290 號
☎ 089-510961
營 7:00 ～ 17:00（7 ～ 9 月為 7:00 ～ 18:00）

❷知本老爺大酒店
臺東縣卑南鄉溫泉村龍泉路 113 巷 23 號
☎ 089-510666
http://www.hotelroyal.com.tw/chihpen/

❸知本金聯世紀酒店
臺東縣卑南鄉溫泉村龍泉路 30 號
☎ 089-515688
http://centuryhotel.com.tw

❹屏東肉圓
臺東縣臺東市知本路 3 段 691 號（松美冰店旁）
☎ 未公開　營 未公開

❺黑松羊肉爐
臺東縣臺東市知本路 3 段 144-2 號
☎ 089-512477
營 11:00 ～ 14:00/16:30 ～ 22:00
休 星期三

■ 湘琪牛肉麵
臺東縣臺東市知本路 4 段 24 號
☎ 089-512950
營 10:00 ～（賣完為止）
休 星期二
據稱是全臺灣最好吃的牛肉麵店。

■ 大頭目野食館
臺東縣卑南鄉溫泉村龍泉路 45 號
☎ 089-510280
營 16:00 ～ 23:30（賣完為止）
休 農曆除夕
專賣原住民美食的餐廳。

「突襲」原住民的豐年祭現場

在臺灣，有一群被稱為「原住民」的族群，顧名思義，他們是原本就住在臺灣的人，而臺東的原住民人口在臺灣正是數一數二多的。

關於臺灣的歷史記載一般認為始於十七世紀，這座島嶼經歷了西班牙、荷蘭、清朝、日本等各種「外來政權」的統治，但原住民其實比這些外來者更早就在這裡了，他們才是臺灣這片土地真正的主人。

原住民主要以農耕或狩獵維生，而且視力好、身強體壯、音感卓越，許多原住民歌手或運動選手在臺灣與海外都相當活躍，包括卑南族的國民歌手張惠妹、泰雅族的徐若瑄、阿美族的職棒選手陽岱鋼和郭源治等人，族繁不及備載。

清朝時代，原住民被稱為「番人」，並且區別為與漢族同化的「熟番」和未被同化的「生番」，直到日治時代才把「番」改為「蕃」。

日本人做事的態度一絲不苟，且往往相當熱衷研究。明治時代的人類學者伊能嘉矩就在臺灣各地進行過人類學調查，將原住民分為「熟蕃」十族和「生蕃」八族，並在一九〇〇年出版了《臺灣蕃人事情》一書，至今依然是臺灣原住民研究的基礎，被認為是彌足珍貴的研究成果。

一九三五年，在臺北帝國大學的風土民俗學與人種學講座擔任教授的民族學者移川子之藏等人，對臺灣九個原住民族進行了詳細的田野調查，彙整了各族的分布、變遷以及神話傳說等，發表了《臺灣高砂族系統所屬之研究》，被視為日治時代原住民研究的最佳傑作。

順帶一提，聽說在一九二三年裕仁皇太子巡幸臺灣之際，把帶有歧視含義的「蕃人」稱呼改為「高砂族」。這個名稱由來可以追溯到豐臣秀吉或德川家光時代的文件，當時把臺灣稱為「高山國」或「高砂國」，而改成這個比較正面的稱呼，或許正是為了消弭對原住民的歧視。

現在，關於原住民的研究已經有相當的進展，臺灣政府認定的原住民族也增加到十六族，即便如此，原住民人口占臺灣總人口數不過百分之二，只有大約五十四萬人而已。

臺東的總人口約二十二萬，其中有三分之一以上都是原住民，以原住民的人口密度來說是臺灣第一，而且共有阿美族、排灣族、布農族、卑南族等六個不同的原住民族居住。每一族各自定居在不同的範圍，城鎮的氛圍和文化也因此呈現出多采多姿的樣貌。

而來到擁有多元族群的臺東，當然不能錯過和原住民文化接觸的機會。

相信萬物或一切現象皆有靈魂的「泛靈信仰」（animism）是許多原住民的共通點，此外他們也都會舉辦和農業相關的儀式。

每年七、八月左右，原住民部落裡會舉辦感念豐收的「豐年祭」，有的活動一天之內就會結束，有的則是連續舉辦三天；有的人數比較少，大概只有二十幾個人參與，有的則是有超過兩千人共襄盛舉，規模不一，而且不同的民族也會有截然不同的豐年祭形式。

在網路上查詢「豐年祭」的話，就可以找到舉辦地點和日程的一覽表，雖然很方便，可是情報太多反而讓人無從選擇。我只好憑著感覺走，決定到排灣族居住的金峰鄉正興村參加豐年祭，這裡靠近臺東市南邊的太麻里，而巧合的是，剛上任不久的臺灣首位女總統蔡英文的祖母正是排灣族的後裔。

我開車前往正興村，可是沿途怎麼找都沒有看到人群聚集的地方，或者類似豐年祭的會場，只好不停問路，歷經千辛萬苦，最後終於抵達了一戶普通的民宅。

外人也可以參加嗎？我帶著些許不安，戰戰兢兢地打開了民宅的大門，眼前出現的男性穿著華麗的刺繡背心、戴著一頂獸皮和羽毛編成的帽子——他正是金峰鄉的鄉長宋賢一先生。當我表明自己是從日本來參加豐年祭時，他便去請他的母親宋林美妹女士過來，她穿著白色民族服裝，脖子上戴了幾串琉璃珠項鍊，頭頂則戴著用小米穗裝飾的帽子。

「歡迎歡迎，妳是從日本來的嗎？」

即將邁入八十一歲的宋林美妹女士用日文說道。她接受過日本教育，會說一口流利的日文，接著對我說：「我的日文名字是村上芳子。」而穿著綠色民族服裝坐在一旁的女性則自我介紹道：「我是木曾桃子。」隨即開始用日文加入我們的對話。

原住民族沒有文字，所以在接受日本教育、學會說日文之後，和使用不同語言的部落間便可以溝通，日文於是成為部落之間的

排灣族出身的宋林美妹女士（右）和木曾桃子女士（左）說著一口流利的日文。

共通語言而普及開來，用片假名標示歌曲或族名的方式也流傳至今。

日治時代遺留下來的不只有語言和文字，還有其他東西。

宋賢一先生拿出了用白色包裝紙包裹的徽章給我看，正面是金光閃閃的旭日章圖案加上櫻花和葉子，上面刻著「頭目章」三個字，背面則刻著「臺灣總督府」和數字三三二。頭目就是代表那個部落的首領，他的祖父生前擁有這個徽章，每個月都能領到頭目津貼，鄉長頗為自豪地向我說明。

祭壇上有好幾個碑，分別寫著「天神」、「太陽神」、「土地公」、「巡狩神」，並供奉著祖先代代傳下來的琉璃玉，儀式就從祭拜這些神明開始。

不知不覺中，客廳擠滿了人，現任的頭目宋林美妹女士開始朗誦著什麼，然後把一個禮拜前釀造的小米酒倒入木雕的酒杯，兩人一組乾杯，這似乎是按照年齡和身分的高低順序，其中一位年輕人是頭目的接班人選，所以被斟了比其他人更多的酒，在旁人勸酒下一飲而盡。

「Tae小姐。」

宋林美妹女士喊了我的日文名字一聲，當時我正站在角落專注地拍照，一時反應不過來，不知道發生了什麼事。一抬起頭，只見一位年輕女性拿著盛了酒的酒杯向我招手。「我？怎麼是我？」……我搖了搖頭，可是大家似乎都在等我這個外人。

這是我第一次喝小米酒，酸酸甜甜的滋味，喝起來特別順口，即使是不太會喝酒的我也會想要再來一杯，真的很好喝。只不過酒精濃度不低，一口氣喝完之後，雙頰變得灼熱，馬上稍微感到醉意了。

宋林美妹女士和宋賢一先生從屋裡拿著盛水的小碗走出屋外，宋林女士口中唸唸有詞，一邊朝「天」、「太陽」與「地」灑水祈禱。

中庭的巨石上描繪著帶有劇毒的「百步蛇」，據說被牠咬到的話走不到一百步就會毒性發作而亡。而且相傳百步蛇是排灣族人的祖先，被尊為守護神，排灣族的民族服飾上也會有百步蛇的圖騰。

接下來，部落的年輕人牽起手圍成一圈，以宋林美妹女士為中心，開始一邊唱歌一邊跳舞。內圈是男性，外圈則是女性。

「呀嘿嘟哇斯……哪勒斯……」

正興村的排灣族年輕人在豐年祭上展現歌喉和舞蹈。

宋林女士唱的排灣族語歌詞配上了獨特的旋律，周圍的人也一起唱和著。他們透過歌聲將對收穫的感念與村落這一年來發生的事情傳達給神靈。而男性們獨唱的歌曲則充滿了力量，配合動感的舞蹈，相當有震撼力。我覺得這些歌聲和舞蹈很難用樂譜來具體呈現，但動人的音色卻是無庸置疑的。

緊接著就是盛大的宴會了，此外也有射箭練習。我雖然受邀體驗射箭，但最後還是因為那是真的弓箭而作罷，畢竟自己連把弓箭固定住都很困難呢。

部落裡不分男女老少，大家都透過豐年祭表達對大自然的感謝以及對祖先的懷念。對於尊崇孕育自己的鄉土自然、接受大地的恩惠且代代祖先都在這裡生活的原住民來說，豐年祭代表的意義之大，想必超乎我的想像吧。

「這是祖先在北大武山的時候就流傳下來的東西。」

宋賢一先生小心翼翼地拿出來給我看的是一個裝飾品，在一整排小顆的玉石中間，有個畫著圖騰的石頭，圖騰本身已經有點模糊，且整體泛黑。

北大武山位於臺東縣和屏東縣交界處，是南臺灣唯一超過三千公尺的山，排灣族曾經住在這座山的山頂上，後來才慢慢往平地移居。

那一瞬間，我彷彿可以看到宋賢一先生的背後矗立著那座排灣族的聖山——能同時眺望臺灣海峽、巴士海峽與太平洋的北大武山。

昔有移民村，今有熱氣球——鹿野鄉

整片草原上飄浮著色彩鮮豔的「熱氣球」，這樣的景色在臺東的旅遊書、海報或明信片上可說是屢見不鮮。當我拜訪臺東市政府的觀光課時，天花板上也吊掛著一些可愛的迷你熱氣球。

位於臺東的熱氣球聖地，正是從花蓮往臺東延伸的花東縱谷最南端的鹿野鄉。由菲律賓海板塊和歐亞大陸板塊擠壓而成的花東縱谷，是縱跨花蓮縣和臺東縣的細長型河谷平原，而鹿野鄉則是臺東最大的平原。因為這裡的地形容易產生上升氣流，所以不只是熱氣球聖地，也是熱門的滑翔翼和飛行傘景點。

每年七到八月之間會定期舉辦「臺灣國際熱氣球嘉年華」（Taiwan International Balloon Festival）活動，包含外國人在內，許多遊客會蜂擁到這幽靜的鄉村。這項活動雖然從二〇一一年才開始舉辦，還算是起步階段，但卻儼然成為代表臺東的一大盛事。事實上，聽說這是參考在日本擁有三十多年歷史的「佐賀國際熱氣球節」（Saga International Balloon Fiesta）而舉辦的。

位於東海岸的臺東，舉凡東河的衝浪、綠島的浮潛、杉原海岸的海水浴等，都是知名的海上運動，而山區運動的中心地帶則在鹿野鄉，其中最佳景點就是海拔三七二．五公尺高的鹿野山上的「鹿野高臺」。

「熱氣球」儼然成為臺東的代名詞。（臺東縣政府提供）

上山的道路兩旁是綿延不絕的茶園，抵達施放熱氣球的廣場上，看到的是在做日光浴的情侶、在野餐的一家人，還有正在享受滑草樂趣的孩子們，好不熱鬧。再往前一點，則是滑翔翼和飛行傘專用的預備區，站在斜坡上俯瞰腳下風景，是如棋盤般整齊劃分的「龍田村」。

放眼望去是一大片綠油油的景色，不過行道樹和農田的綠色不盡相同，相互襯托，美不勝收。還有在上頭優雅滑行的飛行傘，就像是天空中

自在飛行的鳥兒。

日治時代，鹿野村和龍田村合稱「鹿野村」。二次大戰後，因為來自縣內與縣外的移民增加，所以就把鹿野車站附近新興起的村落稱為龍田村，但不管如何，在日治時代，這裡都是日本人從內地移民到東臺灣的「移民村」之一。

根據《不為人知的東臺灣》以及《東臺灣展望》兩書所言，當時為了開發產業和天然資源都還很貧瘠的臺東，官方曾到日本內地招募製糖業和農業移民。

一九一三年，在適合栽種甘蔗的臺東成立了臺東製糖株式會社（後來被臺灣糖業公司（臺糖）接收）。製糖業的旺季是從採收甘蔗的晚秋到隔年三月左右，正值日本東北地方的農閒期，所以一九一五到一九一六年間，短期和長期加起來，新潟縣共有一千五百多位移民來到臺東。

然而，對住在日本寒冷地帶的人而言，想必很不適應臺東的生活吧！除了氣候炎熱、屢次有颱風侵襲外，更和原住民針鋒相對，且深受瘧疾和恙蟲病等疾病所苦，一九一九年以後，大部分的移民就返回日本了。話雖如此，留下來的日本人仍胼手胝足開墾農田，修築整建道路，逐步發展出一個村落，現在的龍田村裡仍然完整保留著當時的面貌。

從鹿野高臺下來之後，我便前往龍田村。在龍田村的中心地帶有幾家自行車出租店，筆直的道路上幾乎沒有車輛通行，可以安心地騎乘自行車。

在一派悠閒的田園風光裡，我看到了幾幢黑色屋瓦的平房，好似日治時代的建築物。還有一間會舉辦跳蚤市場的日式房舍，正是臺東唯一現存的日治時代地方行政機構「鹿野區役場」，我在這裡看到一塊似乎剛掛上不久的看板。

「喝咖啡吧！」

區役場建築內的榻榻米房間旁正在進行咖啡館的改裝工程，有一位年輕人正端著咖啡招待遊客，他計劃把鹿野區役場改造為咖啡館。

村裡的土地幾乎都是臺糖所有，因此居民必須付地租給臺糖。幾年前，因為鹿野區役場的所有人過世，所以原本預定把建築物剷平之後，將土地交還給臺糖。但因為遭到附近居民的反對，開啟了長達六年的交涉，最後鹿野區役場被登錄為「歷史建築」，由民間的一群有志之士繳納地租給臺糖，並且負責管理。

「雖然只有微薄的營運資金，但我們非常喜歡這棟建築物，靠著大家一點一滴修復，希望能好好保存下去。」

他們之所以會開始經營咖啡館，便是為了

由當地人修復的日治時代的「鹿野區役場」。

籌措建築物的維護費用，而且臺灣人善於ＤＩＹ，因此大部分的裝潢工作都是自己動手做。

離開「區役場」之後，我再次騎著自行車上路了，平坦的直線道路兩側栽種了一整排油桐樹和檳榔樹，就像是一座綠色隧道。

對面有一群騎著自行車的人逐漸靠近，從大聲交談的內容可以知道是中國觀光客，他們似乎陶醉在空氣新鮮的大自然當中。我心裡很好奇他們是否知道這裡曾經是日本的移民村，但話說回來，一路上我連半個日本人都沒遇到。

移民到鹿野村的居民多半來自同鄉，因此很團結，在異鄉同心協力開創一片天地。即便如此，一旦遭遇艱難的時刻，還是會希望心靈上有所寄託，於是到了一九二一年，村裡興建了祭拜自然神的「神社」。

然而，神社的地上建築在戰後全部被破壞殆盡，只剩下水泥基座的部分掩沒在雜草間，荒廢已久。因此村民間也興起了重建的聲浪，希望像鹿野區役場那樣保存日治時代的遺跡，經由鹿野鄉公所和交通部觀光局花東縱谷國家風景區管理處交涉後，決定重建當年的樣貌。

重建的木材是從日本輸入的檜木，並且聘請專門修建日本神社的工匠協助，和臺灣

遊客好奇地站在看板前瀏覽神社的由來。重建的神社飄散著全新的檜木香氣。

的工程人員共同努力，最終在提出這項計畫兩年後的二〇一五年四月完工，當時媒體還以「光復後第一座與日人合作復原的神社」這樣斗大的標題來報導落成典禮的情況。

在神社前，我不經意雙手合十，而後方陸續來了幾位騎自行車的臺灣遊客。重建後的神社將成為鹿野村重要的觀光資源，當地居民也期望今後能夠繼續修復日治時代的校長宿舍等建築物，如果真的實現的話，鹿野村也將成為完整保存日治時代移民村的地方，吸引更多日本遊客到來吧。

❶阿度的店（自行車出租店）
臺東縣鹿野鄉龍田村光榮路 232 號
☎ 089-550706
㊖ 8:00 ～ 17:30　㊡ 全年無休
http://wwww.ado-bicycle.com.tw/
有咖啡店和特產店，並提供淋浴間。

❷神社
臺東縣鹿野鄉龍田村光榮路 380 號
崑慈堂內

❸鹿野區役場
臺東縣鹿野鄉龍田村光榮路 135 號

■ 鹿野阿榮甘仔店
臺東縣鹿野鄉龍田村光榮路 163 號
☎ 0910-176-827
㊖ 8:00 ～ 20:00　㊡ 星期二
由日治時代的食品雜貨店改建而成的店鋪。

■ 阿丁早點
臺東縣鹿野鄉中華路 2 段 20 號
☎ 089-551475
㊖ 4:30 ～ 10:00　㊡農曆春節
在鹿野車站前經營了 50 年以上的早餐店。

■ 鹿鳴溫泉酒店
臺東縣鹿野鄉中華路 1 段 200 號
☎ 089-550888
鹿野地區唯一的大型五星級飯店。

■ 福鹿山休閒農莊
臺東縣鹿野鄉永安村高臺路 42 巷 145 號
☎ 089-550797
㊖ 8:30 ～ 18:00
http:// 089550797.tw.tranews.com/

「紅葉少棒隊」的夢想軌跡——紅葉村

雖然日本和臺灣同為漢字圈，可是有些詞彙的用法不同，這一點相當有趣。日本所稱的「野球」在臺灣稱做「棒球」，因為是用棒子打球，而在日本由於是原野上的球類運動，因此稱為「野球」，稱呼大異其趣。而把棒球的樂趣傳入臺灣的，正是統治過臺灣的日本人。

儘管棒球的傳統傳承到戰後，但臺灣人真正瘋狂愛上棒球，是從十一位布農族少年組成「紅葉少棒隊」開始的。對這段歷史不太熟悉的人，不妨參考臺灣現在流通的五百元紙鈔上的圖案，是五位穿著制服的少年興高采烈地朝向天空丟帽子的模樣。

他們就讀的是標高六百公尺、位於延平鄉紅葉村的紅葉國民小學，一九六八年八月二十五日，這群少年以七比〇的懸殊比數擊敗了日本關西少棒選拔冠軍隊伍，成為臺灣棒球的傳奇。

我從臺東市區開車前往山裡的紅葉村。

看到斗大的看板「棒球的故鄉」之後，沿著指標一路前進，接著就會看到紅色的紅

紅葉村的入口處矗立著看板寫著「棒球的故鄉」。

葉橋。紅葉村的名稱由來是因為一到秋天整座山谷便會被紅葉染紅，在這座布農族居住的村落裡，路標是用紅葉圖案為代表，而且立有棒球少年的雕像。

紅葉村的中心地帶還設立了紀念紅葉少棒隊的「紅葉少棒紀念館」，館內展示著少棒隊的歷史和昔日使用的木質球棒、破爛的球、各種獎盃等。當我一一欣賞著當時的紀念照時，館內一名職員由於知道當年身為球隊成員之一的邱春光先生住家，因此幫我向本人取得了聯絡。

其實，我在中學和高中都參加過壘球社，雖然不喜歡練習，可是在比賽中偶爾受幸運之神的眷顧而揮棒成功，加上腳程快，所以打擊順位還滿前面的。

在日本職棒球季期間，我也總是專注看著電視上的球賽轉播或收聽現場廣播。我支持的球隊是西武獅，而且我非常喜歡利用數據分析（important data）來調配陣容、率領西武獅贏得日本總冠軍賽的廣岡達朗教練，此外因為生日恰巧在同一天的緣故，所以我也成為了田淵幸一的球迷。我還記得有一年的日本冠軍賽最後一場，我隨便找了個理由向學校請假，從東京跑到埼玉縣的西武球場幫球隊加油，甚至買了比分紀錄表來填寫，可見當時的我對棒球的熱衷程度。因此，我對紅葉少棒隊的故事也相當感興趣。

在邱春光先生抵達之前的空檔，我從紀念館後面走到小學的操場。

紅土操場上設備完善，有三位曬得黝黑的少年在練習棒球，一位高年級的學長指導著兩位低年級的學弟，分為投手、打擊手與野手，三個人一起追著白球跑，看起來很開心。進入小學校園或者是看棒球，對我來說都是睽違已久的事情了。從山上朝操場吹來的風很涼爽，感覺很舒服。

「現在一學年只剩下一個班級呢。」

背後突然傳來了聲音，聲音的主人正是出現在紀念館照片上的邱春光先生。

部落裡的人口原本就少，在他打棒球的時代也是好不容易才湊到球隊的人數，但如今在三年級到六年級的學生間，再怎麼努力也湊不齊球隊最基本的九位球員。

小學的正門旁停了一輛廂型車，上面畫著紅葉、球棒與棒球的插圖，還寫著「募集球員，供食宿，學費全免」。我以為憑著紅葉少棒隊的光環，現在一定還會有許多小朋友慕名而來，可是現實顯然並非如此。

一九五五年出生的邱春光現年六十一歲，但是外表比實際年齡看起來蒼老了一些，他站在貼有隊友名字和照片的布告欄前，神情難掩落寞，感嘆地說：「現在還活著的有五個人，不過留在這個部落裡的只剩下我一個。」

那麼，為什麼當初會開始打棒球呢？他說是因為「討厭讀書」。

當時，部落裡的小孩子都不喜歡讀書，老是和父親一起去打獵而不去學校上課。一九六三年，卑南族出身、戰時曾在日本海軍陸戰隊練過棒球的古義來到了紅葉村，他為了讓小朋友到學校來而組織棒球隊，開啟了紅葉少棒隊的歷史。

他們最初是在鐵皮屋頂的破舊木造校舍前，踩在混著沙石、凹凸不平的廣場上用石頭（！）和木棒練球，邱春光指著當時的黑白照片，用懷念的口吻笑著說：「當時全身都是瘀青啊！」

即使如此，在古義教練實施的日式斯巴達特訓下日以繼夜地練習，紅葉少棒隊逐漸累積深厚的實力，終於在一九六四年獲得臺東縣縣長盃第一名，之後遠征臺灣各地，到了一九六八年，甚至在臺北舉辦的全國學童棒球賽獲得了冠軍，成為實力堅強的小學少棒隊。

而一九六八年這一年，包括日本在內的亞洲各國都正值少棒錦標賽蔚為風潮的時期，在世界大賽的隊伍中，日本代表隊擁有壓倒性的實力，當年和歌山少棒隊正是世界少棒大賽的冠軍，戰績輝煌。

同年八月二十五日，日本的關西地方選拔出來的少棒明星隊應邀來臺，和臺灣冠軍紅葉少棒隊舉辦對抗賽。這場比賽是臺灣史上第一次進行電視臺實況轉播的棒球比賽，結果如上所述，紅葉少棒隊以七比〇的比數大獲全勝，「紅葉少棒隊擊敗了世界第一的日本隊」，讓臺灣舉國上下一片歡騰。

「我生平第一次看到那麼多人呢。」

邱春光緬懷地說道。一直以來都是光著腳打棒球，可是因為這場比賽攸關國家榮譽，所以大人買了鞋子給我們穿，但我們穿不慣鞋子，反而覺得非常辛苦。說到這裡，他忍不住笑了出來。

紅葉少棒隊獲得奇蹟般的勝利後，臺灣舉國便以奪得世界少棒冠軍為目標，因此集結了臺東與花蓮等地的原住民菁英選手，在臺中成立了「金龍少棒隊」，一九六九年果然不負眾望贏得世界少棒冠軍。之後從一九七一年開啟了四連霸，又從一九七七年開啟了五連霸，一路過關斬將，以破竹之勢為臺灣爭光。

為什麼臺灣會投入這麼多心力在棒球上，而臺灣民眾也如此熱烈支持呢？

一九七〇年代前後的臺灣，雖然經濟上有飛躍性的發展，可是在政治和外交方面卻陷入愁雲慘霧之中，在國際上面臨了被孤立的局勢，而紅葉少棒隊的成功鼓舞了人心、讓臺灣人為之沸騰，或許也同時引爆了全臺灣的棒球熱潮。

在世界大賽奪得冠軍的金龍少棒隊凱旋歸國之際，許多人聚集在總統府前，熱烈歡迎這群遊街的英雄少年。尤其是一九七一年臺灣脫離聯合國之後，許多感到不安的民眾轉而在棒球上尋求出口，就算三更半夜在電視前守候轉播實況，也要為活躍

於海外的少年們加油。

不久之後，臺灣成立了職業棒球聯盟，栽培優秀的棒球選手在世界的舞臺上發光發亮。今日臺灣棒球界的興盛正是以紅葉少棒隊為起點，也曾被拍攝成電影《紅葉小巨人》和紀錄片《紅葉傳奇》。

但是，看似光鮮亮麗的紅葉少棒隊，其實也有一段灰暗的過去。

當年雖然贏了和關西少棒明星隊的對抗賽，但紅葉少棒隊的九位成員中有七人實際上已經超過了大會規定的年齡，卻冒名頂替學弟的身分，這是因為球隊人數不足，又為了能夠出賽才出此下策。當時的教練等人因為謊報年齡而被逮捕判刑，導致社會觀感不佳，之後政府取消了補助金，球隊成員也分別到不同中學就讀，幾乎所有人都選擇了與棒球無緣的人生。

只剩下邱春光獨自留在部落，一邊開計程車維生，一邊務農。然而，聽說其他成員有些因為對現實不滿或生活壓力而用酒精麻痺自己，把身體搞壞，才四十幾歲就過世了。

邱春光有三個兒子，既然有一位身為國民傳說的父親，孩子們是否也繼承了父親的棒球衣缽呢？我如此問道。他卻搖著頭表示：「靠棒球吃飯太辛苦了。」話一說完，便陷入了一陣靜默。

離開紀念館後，我造訪了邱春光的家。他的家門口掛了一個牌子，以大片紅葉為背景，有個吉祥物握著球和球棒，上頭寫著「中外野手　邱春光」。想必他也為自己曾是紅葉少棒隊的一員而感到驕傲吧！想到這裡，我便稍微安心了一些。

一九〇六年，在日本人校長的主導下，「臺灣總督府國語學校中學校（現在的臺北市立建國高級中學）」組成了臺灣第一支棒球隊。之後，以在臺灣的日本人為主，各地紛紛成立球隊，並在一九二〇年組織了「臺灣體育協會」，與日本本土進行賽事交流。

雖然這麼說有些傲慢，但日本人透過重視上下關係的棒球運動對臺灣的原住民進行文明教化，無非是想要藉此消除日本人對原住民的野蠻偏見。一九二三年，就任第五屆花蓮港廳長的江口良三郎召集了十四位阿美族少年，組成「高砂棒球隊」。他讓全體成員進入花蓮港農業補習學校就讀，並把球隊名稱改為「能高團」，讓他們在日本人教練的指導下每天不斷精進練習。

臺灣原住民的體能超出想像的優越，球隊成立不到一年就遠征臺灣西部和日本人組成的球隊比賽，十場賽事裡五勝五敗，戰績毫不遜色。一九二五年三月三十日的《臺灣日日新報》對當時的比賽有如下的報導：

「過去是蕃人　今日成了文化人　絕不失體面　送阿美族宣傳隊到內地」

能高團到日本本土和曾經奪得甲子園第二名的早稻田中學打對抗賽，最後以六比六平手收場。連日本報紙也大幅報導這支有禮貌、日文又流利的球隊，可以說江口良三郎透過棒球教化原住民的政策有了成果。

二〇一五年，臺灣電影《KANO》在日本上映。「KANO」是指嘉義農林學校的棒球隊，這支球隊不只在戰前的一九三一年從臺灣遠征日本甲子園而造成話題，由日本人、臺灣人、原住民組成的成員也受到矚目，事實上，球隊裡的原住民全都是能高團出身的。

戰前，臺灣的高中棒球很興盛，戰後雖然一時陷入停滯狀態，但是隨著時代的變遷，棒球風潮捲土重來，對少棒的熱情也催生出「紅葉少棒隊」的光榮歷史。

我想著臺灣棒球從戰前、戰後乃至現在的種種，而邱春光則端出了一盤切好的鳳梨給我吃，這是他自己種的，恰到好處的酸甜，美味極了。他說他也看過《KANO》這部電影，在看電影時還想起了自己年輕時拚命練習的模樣。

「我這個世代能夠在臺灣棒球史上留名，真的很高興。」

明明我什麼都沒問，他卻主動這麼說，最後說話的表情也變得十分柔和。

對於總是盯著電視職棒轉播的邱春光來說，曾經是紅葉少棒隊成員的榮耀，正如同這個吃起來甜中帶點酸的鳳梨，做為一道「夢想的軌跡」，永遠都是心中難忘的回憶吧。

邱春光先生曾經是紅葉少棒隊的成員，和我分享了許多當時的回憶。

■ **紅葉少棒紀念館**
臺東縣延平鄉紅葉村紅谷路 1 號
☎ 089-561135
㊫ 8:00 ～ 17:00
㊡ 星期一

TAIWAN
環島1

後記

寫完上一本《我的臺南》之後，我半開玩笑地向新潮社的編輯岡倉千奈美小姐表示下次想寫關於臺灣東海岸的文章，心想反正先試探性地問看看，沒想到對方爽快地回答：「好主意！」真是完全出乎我的意料。於是自那天起，我的東海岸之旅就像車子踩了油門般，全力加速前進。

對我來說，東海岸就是一片遼闊寬廣的土地。雖然也遇過交通和住宿不如預期般順利、迷了路卻又無計可施的窘境，然而當旅程結束之後，回過頭來，我發現自己很幸運地擁有許多珍貴的邂逅和嶄新的發現，得以帶著滿滿的充實感寫下我和東海岸的故事。

雖然我還沒能找到貼切的詞彙來形容東海岸的魅力，可是我真心推薦各位「有機會一定要到東海岸走走」。在東海岸，你可以感受到連哈臺族都不知道的另一個臺灣，因為幅員遼闊，所以有各種不同的旅遊方式，這也是東海岸的特色之一。

由衷希望各位也能夠透過這本書，找到屬於自己的「東海岸」。

在緊鑼密鼓的出版進度中，岡倉小姐連日不眠不休地處理編務，而atelier PLAN公司的人員也為我製作了精美的地圖，在此致上我的謝意。希望有一天能夠親自帶你們去東海岸當做回報。

在基隆，我深受市長林右昌先生和吳秋秀夫人的關照，以及基隆市政府周佩虹小姐無微不至的細心協助，也因為王傑先生的介紹才了解基隆的現況，在此謝謝他們。如果沒有周振才先生的幫忙，我也許就沒有機會去基隆；也因為有yoyo小姐作陪，宜蘭之旅才能夠如此充實，希望下次可以與游莉君小姐和林閆齡小姐來一場女子聚會。在花蓮，拜黃家榮先生和李美玲小姐所賜，我才能擁有如此有趣的體驗，兩位對鄉土的熱忱讓我感動萬分，此外我也受到花蓮市政府的各位親切的協助，非常感謝。在此也謝謝出版公司的林先生提供我認識臺東的窗口，但願下次跨年可以再度叨擾您位在太麻里的家，迎接新年曙光。謝謝臺東縣政府觀光旅遊處副處長王國政先生和胡文慈小姐及時給予協助，也感謝臺東出生的前臺北駐日經濟文化代表處副代表陳調和先生和我分享許多臺東的資訊。這場東海岸之旅同時受到熊谷俊之先生、郭中端女士、堀込憲二先生、賴銘達先生、謝孟純小姐等人的諸多啟發，我銘謝於心。

這本書能夠順利付梓，還有其他許多人的協助，在九份、基隆、宜蘭、花蓮、臺東各地遇到的各位，受到大家熱情的招待，我不勝感激，衷心期盼下一次的相遇。

從《我的臺南》到《溫暖的記憶，從這裡出發》，如果之後可以寫出一整套臺灣在地系列該有多好？我厚顏地這麼想著，又不禁開始思考下次要飛到臺灣的哪裡呢？

二〇一六年八月　寫於東京自宅

高雄⇔臺東　約 4 小時（國光客運）
＊詳情請參照客運公司網站。

臺東縣內的交通

一般巴士（鼎東客運）之外，行駛於臺東縣主要觀光景點間的「臺灣好行觀光巴士」也很方便，分為縱谷鹿野線和東部海岸線，前者的行駛時間約 1 小時 20 分鐘，後者約 1 小時 45 分鐘。每天約有 6 個班次。
＊詳情請參照臺灣好行網站。

【各交通機關的網址一覽】

● **航空**

華信航空 http://www.mandarin-airlines.com/
立榮航空 https://www.uniair.com.tw/uniweb/index.aspx

● **鐵路**

交通部臺灣鐵路管理局 http://www.railway.gov.tw/tw/

● **巴士**

鼎東客運 http://www.鼎東客運.tw/
花蓮客運 http://www.hualienbus.com.tw/
國光客運 http://www.kingbus.com.tw/
豐原客運 http://www.fybus.com.tw/
葛瑪蘭汽車客運 http://www.kamalan.com.tw/
首都客運 http://www.capital-bus.com.tw/yilan/
基隆客運 http://www.kl-bus.com.tw/

臺灣好行旅遊服務網站 http://www.taiwantrip.com.tw/

※〈臺灣東海岸的交通方式〉請從第 271 頁開始瀏覽。

高雄・小港機場⇔花蓮機場 華信航空 55 分鐘（單程）
＊請至各航空公司網站預約洽詢。

● **鐵路**

臺北⇔花蓮　約 2 小時（單程・普悠瑪號）
＊詳情請參照臺灣鐵路管理局網站。

● **巴士**

目前臺北到花蓮並沒有直達巴士，一般是從臺北搭巴士到宜蘭羅東再轉乘火車到花蓮。
＊臺北到宜蘭的交通方式請參照〈往宜蘭〉的介紹。
臺中⇔花蓮　約 6 小時（單程・豐原客運或花蓮客運）
＊詳情請參照客運公司網站。

花蓮縣內的交通

一般巴士（花蓮客運）之外，主要行駛太魯閣和花東縱谷的「臺灣好行觀光巴士」也很方便。每天約有 10 個班次。
＊詳情請參照臺灣好行網站。

〈往臺東〉

基本資料：臺東縣觀光旅遊網
http://tour.taitung.gov.tw/

● **航空**

一天 4 班（華信航空每天各 3 班、立榮航空每天各 1 班）
臺北・松山機場⇔臺東機場　單程約 1 小時
（機場到市區的車程約 10 分鐘）
＊請至各航空公司網站預約洽詢。

● **鐵路**

臺北⇔臺東　約 3 小時 30 分鐘（單程・普悠瑪號）
花蓮⇔臺東　約 2 小時（單程・普悠瑪號）
高雄⇔臺東　約 2 小時 10 分鐘（單程）
＊詳情請參照臺灣鐵路管理局網站。

● **巴士**

花蓮或高雄都有巴士可以到臺東
花蓮⇔臺東　約 4 小時（鼎東客運或花蓮客運）

在瑞芳車站前的公車站轉乘
瑞芳⇔九份　搭巴士約15分鐘（單程・基隆客運「往九份／金瓜石」）

● **巴士**

臺北⇔九份　約70分鐘（單程・基隆客運）
搭車地點為捷運忠孝復興站1號出口附近，基隆客運的站牌位於復興南路上，可前往「九份／金瓜石」。

● **自行開車**

臺北⇔九份　約35公里（單程）

〈往宜蘭〉

基本資料：宜蘭縣政府宜蘭勁好玩
http://tourism.e-land.gov.tw/

● **鐵路**

臺北⇔宜蘭　約1小時（單程）
＊詳情請參照臺灣鐵路管理局網站。

● **巴士**

臺北⇔宜蘭　約1小時（單程・葛瑪蘭汽車客運、首都客運、國光客運）
＊詳情請參照客運公司網站。

● **自行開車**

臺北⇔宜蘭　約60公里（單程）

宜蘭縣內的交通

一般巴士（首都客運、國光客運）之外，主要行駛礁溪和冬山河一帶的「臺灣好行觀光巴士」也很方便。每天約有12個班次。
＊詳情請參照臺灣好行網站。

〈往花蓮〉

基本資料：花蓮觀光資訊網
http://tour-hualien.hl.gov.tw/

● **航空**

一天2班（機場到市區的車程約20分鐘）
臺北・松山機場⇔花蓮機場　立榮航空40分鐘（單程）

臺灣東海岸的交通方式

● **自行開車**
在東海岸，基本上自行開車是最方便的，因為路線不複雜，車流量也沒有臺北市多，小心駕駛的話應該沒有問題。

● **租車服務**
若是屬意大型的租車公司，建議事先預約，因為車子的數量有限，碰到週末或假日的話，提早預約比較安心。
和運租車 http://www.easyrent.com.tw/
格上租車 http://www.car-plus.com.tw/
安維斯租車 http://avis-taiwan.com/tw/home.html
歐力士租車 http://www.orixauto.com.tw/

〈往基隆〉
基本資料：基隆旅遊網
http://tour.klcg.gov.tw/

● **鐵路**
臺北⇔基隆　約 50 分鐘（單程）

● **巴士**
臺北⇔基隆　約 45 分鐘（單程・國光客運）
＊詳情請參照國光客運網站。

● **自行開車**
臺北⇔基隆　約 25 公里（單程）

基隆市內的交通
和臺北一樣，一般巴士路網在市內穿梭。此外搭乘「臺灣好行觀光巴士」往西可以到野柳，往東則到瑞芳，相當方便。每天約有 9 個班次。
＊詳情請參照臺灣好行網站。

〈往九份〉
基本資料：新北市觀光旅遊網
http://tour.ntpc.gov.tw/

● **鐵路＋巴士**
臺北⇔瑞芳　搭火車約 40 分鐘（單程）

聯經文庫

溫暖的記憶，從這裡出發：一青妙的臺灣東海岸

2017年4月初版
定價：新臺幣390元
有著作權・翻印必究
Printed in Taiwan.

著者	一青妙	
譯者	張雅婷	
總編輯	胡金倫	
總經理	羅國俊	
發行人	林載爵	

出版者	聯經出版事業股份有限公司	叢書主編	林芳瑜
地址	台北市基隆路一段180號4樓	叢書編輯	林蔚儒
編輯部地址	台北市基隆路一段180號4樓	內文排版	鄭佳容
叢書主編電話	(02)87876242轉221	封面設計	陳怡絜
台北聯經書房	台北市新生南路三段94號		
電話	(02)23620308		
台中分公司	台中市北區崇德路一段198號		
暨門市電話	(04)22312023		
台中電子信箱	e-mail：linking2@ms42.hinet.net		
郵政劃撥	帳戶第0100559-3號		
郵撥電話	(02)23620308		
印刷者	文聯彩色製版印刷有限公司		
總經銷	聯合發行股份有限公司		
發行所	新北市新店區寶橋路235巷6弄6號2樓		
電話	(02)29178022		

行政院新聞局出版事業登記證局版臺業字第0130號

本書如有缺頁，破損，倒裝請寄回台北聯經書房更換。 ISBN 978-957-08-4934-9 (平裝)
聯經網址： www.linkingbooks.com.tw
電子信箱：linking@udngroup.com

協助取材單位：基隆市政府、臺東縣政府

國家圖書館出版品預行編目資料

溫暖的記憶，從這裡出發：一青妙的臺灣東海岸/一青妙著．初版．臺北市．聯經．2017年4月（民106年）．272面．14.8×21公分（聯經文庫）
ISBN 978-957-08-4934-9（平裝）

1.旅遊文學 2.臺灣遊記

733.69 106004695